W0399904

ANGLAIS
Palier 1
6e
1re année

good news

Workbook

Marie-Pierre Beaulieu-Marianni
Professeur agrégé au Lycée Georges Braque, Argenteuil (95)

Jacqueline Quéniart
Professeur agrégé au Lycée-Collège Toulouse-Lautrec, Vaucresson (92)
Formatrice à l'IUFM de Versailles

Avec la collaboration de **Graham Bushnell**
M.A. (Oxon), R.S.A. (Dip. TEFL)

Illustrations
Suzy Davis
Kevin Hopgood
Pierre Beaucousin
Hervé Girard
Bernard Ciccolini

8, rue Férou
75278 Paris cedex 06
www.editions-belin.com
BELIN

The sounds of English

Vowels

[æ] cat	I've got a black cat.
[ɪ] pig	Is there a pig in the picture?
[e] pen	The red pen is on the desk.
[ɒ] dog	Where's Bob's dog?
[ʊ] book	Look at page two in your book!
[ʌ] duck	He picked up the duck.
[ə] pizza	Can I order a pizza, please?
[ɑː] car	My father's got a new car.
[iː] sheep	There's a sheep by the tree.
[ɔː] horse	Is that your horse?
[uː] school	Do you like school?
[ɜː] girl	That girl gets up very early.

Diphthongs

[ɪə] year	He is coming here next year.
[aɪ] tiger	How many stripes has a tiger got?
[ɔɪ] boy	That boy wants a toy car.
[əʊ] pony	The pony wants to go home.
[eɪ] snake	I hate snakes!
[ɛə] hair	She's got long fair hair.
[aʊ] cow	Where are the brown cows now?
[ʊə] sure	Are you sure?

Consonants

[j] yellow	In New York, the taxis are yellow.
[ʃ] shoe	She's wearing new shoes.
[tʃ] chicken	Do you like chicken and chips?
[ʒ] leisure	What's a Leisure Centre?
[dʒ] village	Jack lives in a small village.
[θ] three	There are three theatres.
[ð] mother	Are your mother and father here?
[ŋ] sing	Sing something!

Le code de la propriété intellectuelle n'autorise que « les copies ou reproductions strictement réservées à l'usage privé du copiste et non destinées à une utilisation collective » [article L. 122-5] ; il autorise également les courtes citations effectuées dans un but d'exemple ou d'illustration. En revanche « toute représentation ou reproduction intégrale ou partielle, sans le consentement de l'auteur ou de ses ayants droit ou ayants cause, est illicite » [article L. 122-4].
La loi 95-4 du 3 janvier 1994 a confié au C.F.C. (Centre français de l'exploitation du droit de copie, 20, rue des Grands Augustins, 75006 Paris), l'exclusivité de la gestion du droit de reprographie. Toute photocopie d'œuvres protégées, exécutée sans son accord préalable, constitue une contrefaçon sanctionnée par les articles 425 et suivants du Code pénal.

© Éditions Belin, 2006

ISBN 2-7011-**4107**-9

Sommaire

CHAPTER 1 HELLO!

1. NICE TO MEET YOU! (manuel pp. 12-13)

Say who you are!

1. Écoute et réponds à la question de Poppy.

Hello, Poppy!

My name's Barbara.

I live in Rochegude near Bollène. I'm from Rochegude

I 'm speak *French.*

Work on countries and nationalities!

2. a. Écoute et note le numéro du personnage que tu entends.

name	Sean	Megan	Austin	Emma	Thomas
picture n° ...		3			

b. Écris le nom de la nationalité qui correspond au pays.

Australian | American | Canadian | English | Irish

Canada	England	Australia	America	Ireland
Canadian	English	Australian	American	Irish

Choose an English name!

4. Choisis ton prénom anglais dans cette liste.

Girls' names

Chloe	Sarah	Emma	Kate	Holly
Jessica	Megan	Rachel	Emily	Amanda
Amy	Olivia	Laura	Sophie	Amber

Boys' names

Thomas	Luke	Sean	Steve	Austin
James	Ryan	Michael	Chris	Anthony
Matthew	Jordan	Dylan	Nicholas	Kevin

How old are you?

7. a. Dans quel ordre ces personnages parlent-ils ?

age	10	10 1/2	11 1/2	12
number				

10 10 1/2 11 1/2 12

• Écris la question qui interroge sur l'âge.

How old are you?

9. Remplis ta fiche d'identité et rédige cinq phrases pour te présenter.

French first name	Barbara
English first name	Kate
age	30 ans
country of origin	France
language	French /

first name = prénom

Hello. My name's Barbara. My english first name is Kate. I'm from France.
I speack french very well.

The sound of English

10. a. Classe les mots selon le son de la voyelle « e » écrite en gras.

red • Peter • Ben • Megan • Steve • Emma

[ə]	red	Ben	Megan	Emma
[iː]	peter	steve		

b. Tu as entendu [h] ou non ? Coche la bonne colonne.

	1.	2.	3.	4.	5.	6.	7.	8.	9.	10.
[h]	x		x	x		x		x	x	
no [h]		x			x		x			x

11. Dictée.

Hello. How ~~old~~ are you? My name's Sue.
— I'm Bob. How ~~old~~ are you?

2. I LIVE IN LONDON (manuel pp. 14-15)

Say where you live!

1. c. Complète le dialogue entre Poppy et Rafi.

POPPY: Hello !

RAFI: Hello !

POPPY: What's your name ?

RAFI: My name's Rafi.

POPPY: Hello, Rafi. I'm Poppy. Where do you live ?

RAFI: I live in London. And you?

POPPY: Me too. I live in Islington.

RAFI: Me too !

2. b. Écris le mot qui correspond à chaque dessin.

1

a house

2

a castle

3

a flat

4

a caravan

5
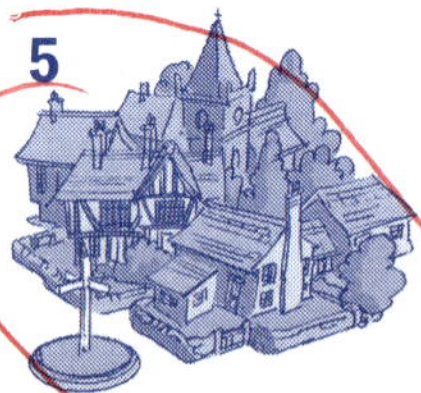
a city

6
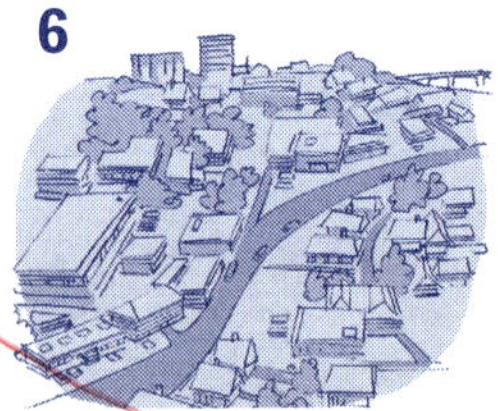
a village

7
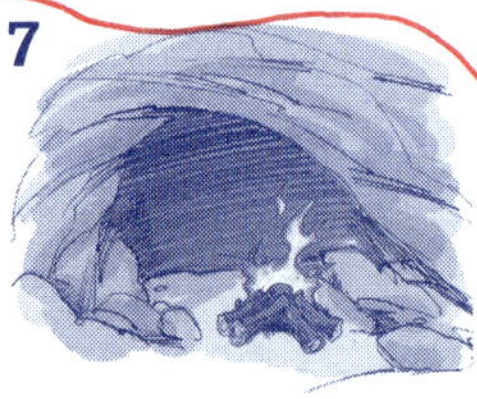
a cave

8

a tree

3. Écris où tu habites. Tu peux inventer.

? I live in a tree near a village.

I'm..., I live..., I speak....

5. Écris un courrier électronique ou une lettre à ton correspondant. Inventes-en un si tu n'en as pas. Dis-lui qui tu es, où tu habites, dans quel pays, quelle langue tu parles.

Dear Stephan,

I'm Barbara, I'm thirty years. How old are you?

I ~~I'm~~ from France. I speak French.

The sound of English

6. a. Écoute et entoure la syllabe accentuée.

eleven village caravan England English
Canada Canadian

b. Écoute et classe ces mots suivant le son de la voyelle « a » écrite en gras:

	Australia	caravan	castle	cave	flat	name	Charlie
[æ]							
[ɑː]							
[eɪ]							

8. Dictée.

____

____

3. SPELL IN COLOURS! (manuel p. 16)

Can you spell it?

1. Complète le dialogue.

Poppy: Where in Islington do ______________ ?

Rafi: ______________ Clarendon Road.

Poppy: Clarendon Road?

Rafi: Yes, Clarendon Road, Islington, ______________, Europe, the world, the Universe!

Poppy: ______________ !

2. Écoute puis écris l'adresse de Poppy.

Poppy Benson

Clarendon Road

Islington

____

____

the ______________

the ______________

3. a. Écoute et colorie les lettres.

a b c d e f g h i
j k l m n o p q r
s t u v w x y z

Quelles lettres n'as-tu pas entendues? ____________

b. Complète le tableau.

son de chaque groupe de lettres	le nom des cinq couleurs	lettres correspondant à chaque couleur
[eɪ]		
[iː]		
[e]		
[aɪ]		
[uː]		

5. Les mots croisés des villes. Lis les définitions et complète.

1. the capital of Germany
2. the capital of England
3. the capital of the USA
4. an Australian city
5. a city in the Netherlands
6. a city in the USA

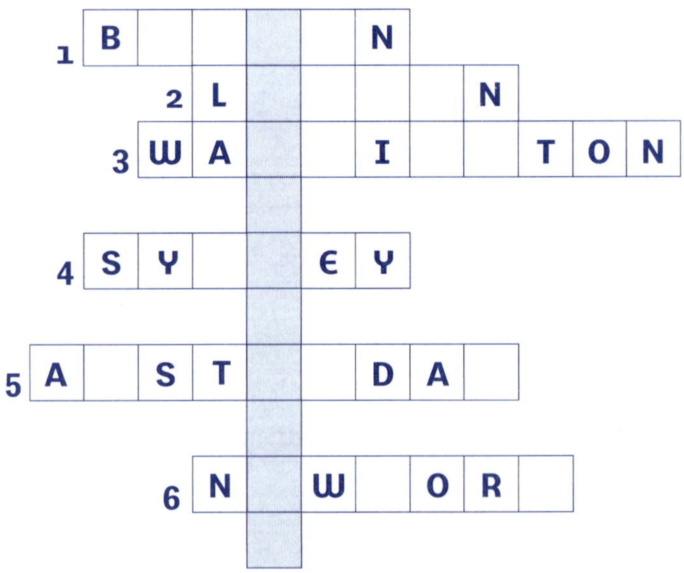

Écris le nom de la ville mystérieuse : ____________________

7. Écoute et joue au pendu. Quand la lettre proposée n'est pas bonne, repasse au crayon un des éléments de la potence.

• Choisis un mot à faire deviner au reste de la classe.

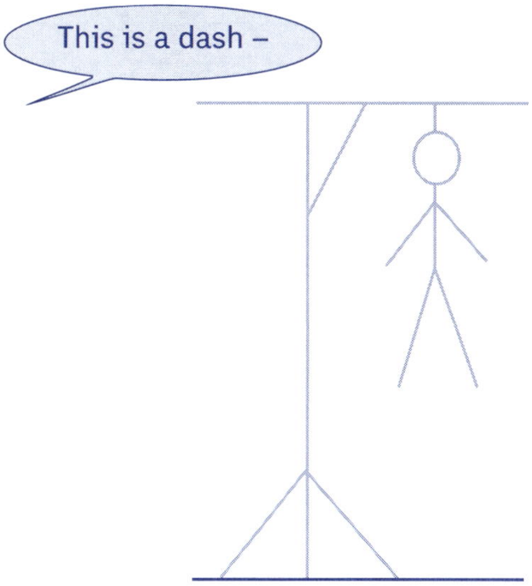

_ _ _ _ _ _ _ _

4. CLOTHES AND COLOURS (manuel p. 17)

What colour is it?

1. Lis et colorie l'uniforme de Poppy.

This is my school uniform: a purple blazer with the school badge on the pocket, a purple and yellow tie, a white shirt, white socks, a grey skirt and black shoes. It's very colourful!

2. Écris de mémoire les noms de vêtements que tu connais ou que tu viens d'apprendre.

3. Écoute et écris le mot sous le dessin qui lui correspond.

jeans • T-shirt • baseball cap • sweater • trainers

 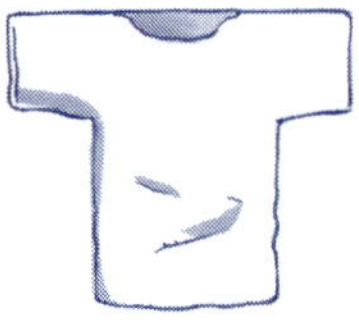   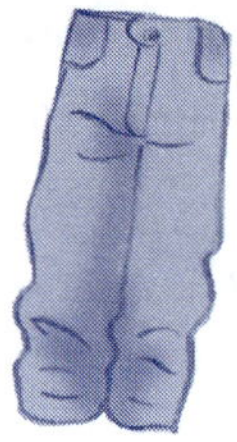

________ ________ ________ ________ ________

The sound of English

6. a. Écoute ces mots et coche la prononciation de la voyelle en gras, puis lis-les à voix haute.

	blue	orange	book	shoe	pocket	school	socks	two	look
[ɒ]									
[ʊ]									
[uː]									

7. Dictée.

____

____

5. NUMBERS (manuel pp. 18-19)

1. Écoute et entoure les numéros que tu entends. Écris le numéro de la rue de Poppy.

Poppy: You live in Clarendon Road, Rafi. What number?

Rafi: Number 50 15

Poppy: 50 15?

Rafi: No, 50 15

Poppy: But I live at number ________!

Rafi: Really? Then I'm your new neighbour!

3. a. Entoure les nombres que tu entends.

5 12 9 28 60 40 18 14 41 16

58 17 70 90 52 17 33 30 31 13

b. Écris les chiffres suivants en toutes lettres.

5 ______________ 15 ______________ 50 ______________

4 ______________ 14 ______________ 40 ______________

4. Choisis une grille de bingo, écoute et joue.

60	13	50	97	12
91	16	33	30	89
11	90	15	19	25

60	15	41	16	11
99	30	40	68	14
21	90	15	67	91

14	21	72	27	13
91	30	16	43	89
60	34	15	19	65

What's your phone number?

7. b. Écoute et écris les numéros de téléphone de Poppy et de Rafi.

Poppy: ______________ Rafi: ______________

8. Écoute et coche le bon numéro.

0207 329 2055 ☐ 0247 329 2055 ☐ 0207 329 2855 ☐

The sound of English

10. a. Écoute et coche le son de la voyelle en gras.

	1. gr**ee**n	2. f**i**fty	3. fift**ee**n	4. s**i**x	5. t**ee**nager
[iː]					
[ɪ]					

12. Lis les mots silencieusement, puis entoure la syllabe accentuée.

thirteen favourite forty colour morning
mobile number

13. Dictée.

____

____

6. MONTHS AND SEASONS (manuel pp. 22-23)

When's your birthday?

1. a. Écoute Poppy et Rafi. Coche la bonne case.

Poppy: When's your birthday?

Rafi: It's in November ☐ December ☐. I was born in winter. What about you?

Poppy: My birthday's in June ☐ July ☐. I was born in summer.

2. b. Écoute et entoure la syllabe accentuée.

September • October • November • December

Ces mots ont un accent sur la ______________ syllabe.

Écris le nom des 4 mois qui sont accentués sur la première syllabe.

____

Écris le nom des 3 mois qui ont une seule syllabe.

____

« July » est accentué sur la ______________ syllabe.

Talk about months and seasons

3. a. Classe les mois de l'année suivant leur nombre de jours.

months with 31 days	months with 30 days	month with 28 or 29 days
______	______	______
______	______	
______	______	
______	______	
______		
______		
______		

b. Écris le nom des mois dans les cercles.

months beginning with "M"

months beginning with "A"

months ending with "R"

months ending with "Y"

Quel mois reste-t-il ? ______________

7. Écris 3 phrases sur ton anniversaire.

The sound of English

8. a. Écoute et coche le son que tu entends.

	but	June	sun	sunny	summer	number	uniform	music
[ʌ]								
[uː]								
[juː]								

9. Lis ces mots à voix basse, puis entoure la syllabe accentuée.

winter February English autumn summer August
April American number October

10. Dictée.

7. IN THE CLASSROOM (manuel pp. 24-25)

Classroom games!

2. b. Écris les mots sous les dessins. N'oublie pas l'article *a* ou *an*.

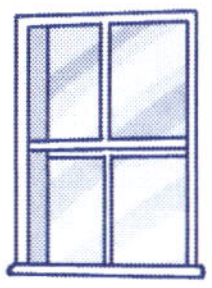

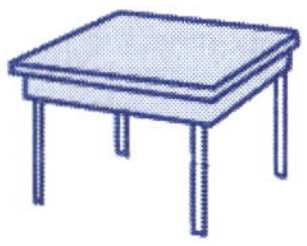

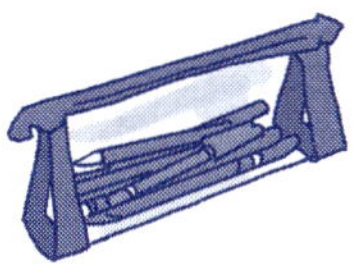

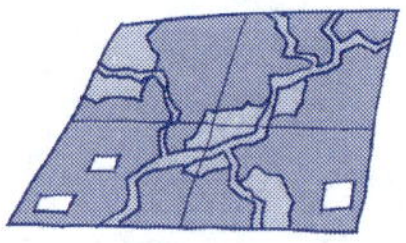 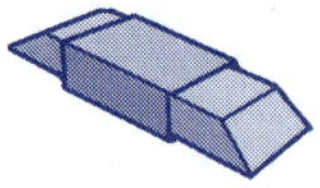  

________ ________ ________ ________

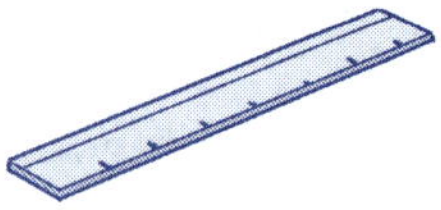  

________ ________ ________

Classroom English

4. a. Numérote les consignes dans l'ordre où tu les entends.

6. Écris les consignes correspondant aux dessins.

Open the window, please! | Close the door! | Read silently! | Close the curtains! | Listen ! | Speak up!

 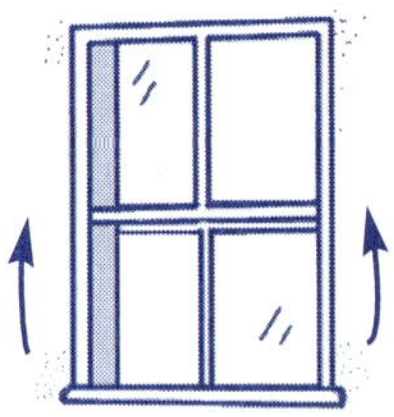 

1. ________ 2. ________ 3. ________

4. ________ 5. ________ 6. ________

7. a. Écris les demandes de permission correspondant aux dessins.

switch off the light	go to the toilet	wipe the board
write the date on the board	open the window	switch on the light

1. *Can I* ____________ ?
2. ____________
3. ____________

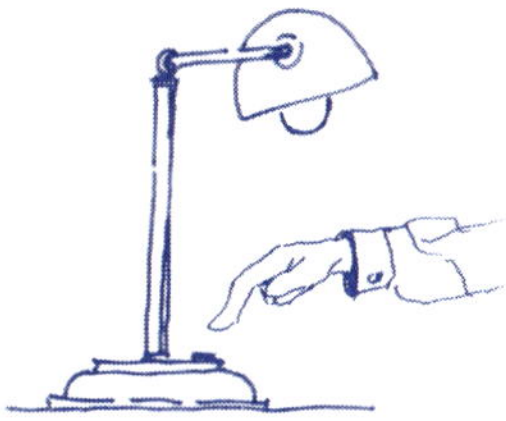

4. ____________
5. ____________
6. ____________

The sound of English

8. a. Coche le son que tu entends.

	sit	I	wipe	pick	switch	write	listen	light	scissors
[aɪ]									
[ɪ]									

9. Lis ces mots à voix basse, puis entoure la syllabe accentuée.

computer   curtain   pencil   eraser   scissors   window

10. Dictée.

____

____

8. YUMMY! (manuel pp. 26-27)

What do you like?

1. a. Écoute Poppy et Rafi. Coche les mots que tu as entendus.

Poppy: I'm hungry. Do you like ice-cream ☐ cake ☐ ?

Rafi: Yes, I do. I love ice-cream ☐ cake ☐.

Poppy: Mm… chocolate ☐ strawberry ☐ vanilla ☐ banana ☐ apple ☐.

[…]

Poppy: A banana cornet ☐ a chocolate cornet ☐ for me, please.

Rafi: Just orange juice ☐ apple juice ☐ for me, please.

c. Complète le dialogue à l'aide des expressions suivantes.

I'm thirsty	I love	I'm hungry	Do you like… ?	I don't like

Poppy : ______________ Ooh, look! Ice-cream! ______________ ice-cream, Rafi?

Rafi: Yes, I do. I ______________ ice-cream.

Poppy: Mm. Chocolate, strawberry, vanilla – ooh, and banana!

Rafi: Banana? Ugh! I ______________ banana ice-cream.

Man: Can I help you?

Poppy: Yes, please. A banana cornet for me, please.
What about you, Rafi?

Rafi: ______________ Just orange juice for me, please.

2. b. Écoute et numérote les dessins dans l'ordre où tu entends les mots.

 ☐
 ☐
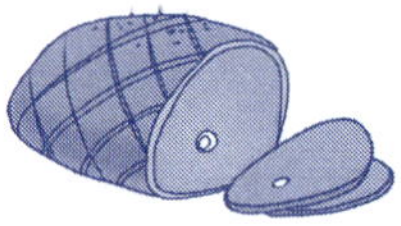 ☐
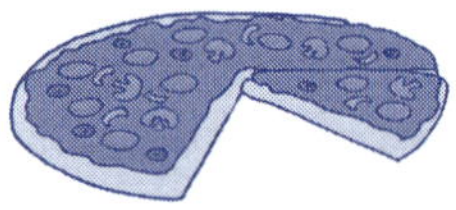 ☐

☐

☐

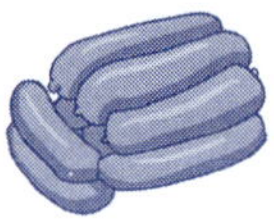 ☐

☐
 ☐
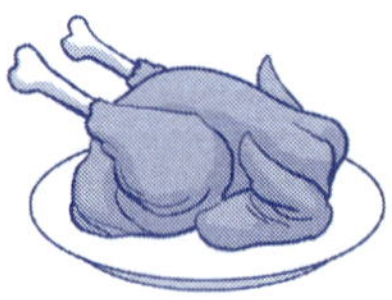 ☐
 ☐
 ☐

c. Classe les mots en deux catégories : nourriture et boissons.

apples | chips | ham | orange juice | bananas | chocolate
hamburgers | pizza | chicken | Coke | milk | sausages

food	
drinks	

Order a pizza!

5- b. Écris la commande que tu comptes passer.

You: Can I have a pizza in 20 minutes?

Your partner: Certainly, sir/madam. What topping?

You: Er… I'd like ______________, ______________,

______________, ______________, ______________,

______________ and ______________, please.

Your partner: Er, that's 7 sir/madam.

You: Ah yes. Ah well, no ______________ and no ______________

then.

Your partner: OK, sir/madam, in 20 minutes! Can I have your address please?

You: It's (your address) ______________

The sound of English

6- a. Coche le son que tu entends. Attention ! *Bananas* se classe à deux endroits.

	pizza	chocolate	hamburgers	bananas	apples	tomatoes	tuna fish
[ə]							
[æ]							
[ɑː]							

7- Lis ces mots à voix basse, puis entoure la syllabe accentuée.

chocolate chicken orange juice sausages

pizza hamburgers

8- Dictée.

____

____

9. I'VE GOT FIVE WHITE MICE! (manuel pp. 28-29)

Pets

1. b. Écoute et écris les mots à leur place.

- a parrot
- a snake
- a hamster
- a rabbit

a mouse, two mice

Un animal n'est pas dessiné. Écris le nom : ______________________

Work on words!

2. b. Écris le nom de ces animaux. N'oublie pas l'article a ou *an*.

baboon   cat   cow   dog   duck   elephant   frog   hen

horse   pig   snake   tiger

1

2

3

4

5

6

7

8

9

10

11

12

c. Classe ces animaux en trois catégories : animaux domestiques, animaux de la ferme et animaux sauvages.

pets	farm animals	wild animals

3- Associe un adjectif à un nom qui a le même son voyelle.
N'oublie pas l'article *a* ou *an*.

1. ______ 7. ______
2. ______ 8. ______
3. ______ 9. ______
4. ______ 10. ______
5. ______ 11. ______
6. ______ 12. ______

Quelle association « adjectif + nom » ne désigne pas un animal ?

______

4- Écris le dialogue en suivant le rébus.

______

5- Décris ton animal de compagnie. Tu peux en inventer un.

______

The sound of English

6. a. Coche le son « s » final que tu entends.

	frogs	lions	sausages	elephants	horses	tigers
[z]						
[s]						
[ɪz]						

	cats	dogs	ducks	villages	pigs	snakes
[z]						
[s]						
[ɪz]						

7. Lis ces mots à voix basse et entoure la syllabe accentuée.

elephant tiger hamster monkey rabbit orange

8. Dictée.

____

____

10. MEET THE FAMILY! (manuel p. 30-31)

Meet the children!

1. a. Écoute, regarde les dessins et complète ce que disent Luke et Poppy.

Luke: Hello! I'm ________ – ________________. I'm ________ and I'm from ________. I'm ________. I like music. I'm the ________ of the school band.

Poppy: Hi! I'm ________. I'm ________ and I'm in the ________ too.

• **Reprends par écrit les informations sur Luke et Poppy.**

Luke : He ______________________________

____

Poppy : She ______________________________

b. Écoute, regarde et complète ce que disent Laura et Rafi.

Laura: Hi everyone! I'm ________. ________ 19. ________ a student at Birmingham University. Birmingham's in the centre of ________, in the Midlands.

Rafi: ________ Rafi Ghazali. I was born in ____________ but the Ghazali family is ________ Pakistan. ________ 12. Poppy, Luke and I are neighbours. We live in the same street. We go to the same ____________, Highbury Grove School. ________ crazy about animals.

• **Reprends par écrit les informations sur Laura et Rafi.**

Laura : She ______________________________

Rafi : He ______________________________

Rafi et ses voisins : ______________________________

____

Meet the parents!

4 - *Group work.* Prépare 2 ou 3 questions pour interroger tes camarades sur ce qu'ils se rappellent des personnages.

• **Luke.** Nationality: *What nationality* ________ *?* Origin: *Where* ____________ *from?*

• **Poppy.** Age: *How old* ____________ *?* Nationality: ____________________ *. ?*

• **Laura.** Age: ____________________ *?* Occupation: *Is she a* ____________ *?*

• **Rafi.** Age: ____________________ *?* Origin: ____________________ *?*

• **Mr and Mrs Benson**

Age: ____________________ *?* Nationality: ____________________ *?*

• **Mr Benson**

Job: ____________ *a PE teacher?*

• **Mrs Benson**

Job: ____________ *an English teacher?*

5 - Écris un court paragraphe sur Rafi et les 5 Benson.

____

____

• **Place tous les noms cités plus haut sous le pronom personnel sujet qui convient.**

pronoms	*he*	*she*	*they*
noms			

Mesure tes progrès

Pour connaître ton score, compte 1 point par réponse juste. Enlève-toi un demi point par faute d'orthographe..

1 Expression

a. Je sais me présenter... et je le prouve en faisant des phrases complètes pour dire :

1. mon prénom français : ____
2. mon prénom anglais : ____
3. ma nationalité : ____
4. mon âge : ____
5. mon mois de naissance : ____
6. l'endroit où j'habite : ____
7. la (les) langue(s) que je parle : ____

b. Je sais dire ce que j'aime et ce que je n'aime pas.

1. animaux : ____
2. boissons : ____
3. plats : ____
4. couleurs : ____
5. vêtements : ____
6. saisons : ____

c. Je sais être poli en anglais pour :

1. saluer quelqu'un ____
2. demander à quelqu'un de ses nouvelles ____
3. dire au revoir ____
4. remercier ____
5. m'excuser ____

2 Communiquer en anglais dans la classe

a. Je comprends et je sais donner ordres et consignes.

J'utilise les mots suivants pour donner huit consignes différentes.

board	curtains	door	hand	name	teacher

b. Je connais les prépositions *up* et *down*. Je les associe à deux verbes pour donner deux consignes différentes.

c. Je sais demander une permission. Je complète les phrases suivantes par *Can I, please* et le verbe qui convient.

1. ____________ to the toilet ____________?
2. ____________ the date on the board ____________?
3. ____________ the board ____________?
4. ____________ the window ____________?

d. Je fais ce qu'on me demande ci-dessous.

1. Underline the verbs in the sentence "I like chocolate."
2. Circle the adjectives in "a funny, black cat".
3. Cross out the adjective that is not a colour: blue • green • yellow • lemon • red • orange
4. Tick the right sum: 10 + 6 + 5 = 22

   5 + 18 = 22

   14 + 8 = 22

3 Lexique

1. J'écris les mots demandés.

1. Le nom de deux saisons : ____________
2. Le nom des trois premiers mois de l'année : ____________
3. Le nom de trois animaux de la ferme : ____________
4. Le nom de trois vêtements : ____________

Score : /40

CHAPTER 2

COSTUMES

Words, words, words

HALLOWEEN (manuel pp. 38-39)

Words you know

1. Fais appel à tes connaissances.

Avant de prendre la parole, note les mots que tu connais déjà.

____

____

____

____

____

New words

2. b. Numérote les mots dans l'ordre où tu les entends.

a monster ☐ a ghost ☐ a pirate ☐ a vampire ☐ an owl ☐

a witch ☐ a pumpkin ☐ a skeleton ☐ a bat ☐

3. Écoute et écris les mots nouveaux.

a. *a* ______________________

b. *a* ______________________

c. *a* ______________________

d. *a* ______________________

e. *a* ______________________

f. *a* ______________________

g. *an* ______________________

h. *a* ______________________

i. *a* ______________________

Pourquoi utilise-t-on l'article *an* en *g* ? ______________________

____

Work on words!

4. Associe les mots et les adjectifs dans le bon ordre.

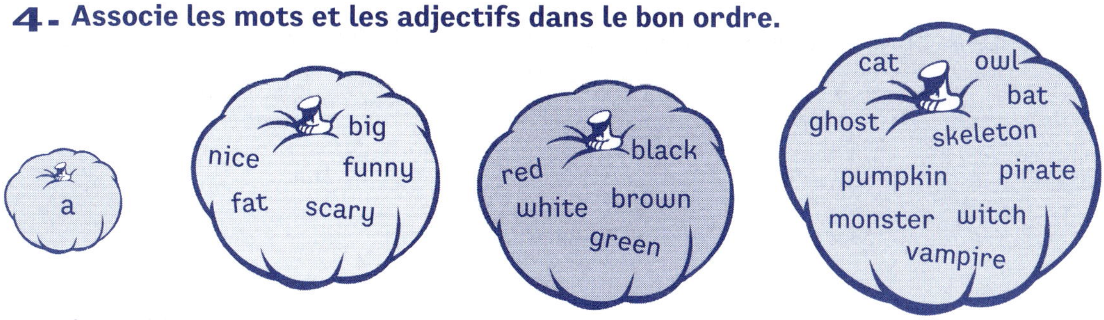

➤ *a funny black cat*

a. ______________________ e. ______________________

b. ______________________ f. ______________________

c. ______________________ g. ______________________

d. ______________________ h. ______________________

The sound of English

6. a. Écoute ces mots et entoure la syllabe accentuée.

monster pirate pumpkin skeleton vampire

7. Dictée.

____

____

Lesson 1 Listen and act

A HALLOWEEN PARTY (manuel p. 40)

Look, listen and understand!

2. a. Écoute et coche ce que Poppy et Rafi ont ou n'ont pas pour la fête.

✗ = n'ont pas / ✓ = ont

	a black hat	a costume	pop music	rap CDs
Poppy				
Rafi				

b. Regarde ce tableau et vérifie les réponses avec ton voisin.

"have got"

4 - Écoute et complète le dialogue avec les formes de *have got* qui conviennent.

have got | haven't got | 's got | hasn't got | have

POPPY : I want to be a witch but I ________ a black hat.
________ you ________ one?

RAFI : No, I ________ But ask my mother. She ________ lots of hats.

POPPY : OK, thanks. ________ you ________ a costume?

RAFI : Yes, I ________ . I ________ a vampire costume.

POPPY : A vampire costume? Great! Oh and ________ you ________ a monster mask?

RAFI : No, I ________ Why?

POPPY : Luke wants to be a monster. He ________ a costume
but he ________ a mask.

RAFI : Oh. No, sorry. I ________ a mask. What about music?

POPPY : I ________ only ________ pop music. What music ________ you ________ ?

RAFI : I ________ lots of rap CDs!

RAFI : Great! See you on Saturday then. Bye!

5 - Reviens aux pages 30-31 de ton manuel et parle de la famille Benson et de Rafi après avoir complété la grille.

	brothers and sisters	children	mice	a dog
Luke				
Poppy				
Mr & Mrs Benson				
Rafi				

Observe puis complète le tableau de la conjugaison de *have got*.

Forme affirmative	Forme négative
I've got = I have got	I haven't got = I have not got
he's got = he has got	he hasn't got = he has not got
Forme interrogative	**Réponses courtes**
Have you got…?	Yes, I have./No, I haven't.
Has he got…?	Yes, he has./No he hasn't.

• **Complète la conjugaison de *have got*.**

Singulier		Pluriel	
Formes contractées	**Formes pleines**	**Formes contractées**	**Formes pleines**
I've got	*I have got*	*We*	
You		*You*	
He/she/it		*They*	

Act out a dialogue!

3. Écoute et reproduis au-dessus de chaque phrase la ligne intonative qui convient.

1

Woman: 87003321.

Poppy: Can I speak to Rafi, please?

Woman: You've got the wrong number, I'm afraid.

Poppy: Sorry!

2

Man: 87003322.

Poppy: Rafi?

Man: This is not Rafi, young lady. You've got the wrong number.

Poppy: I'm so sorry!

3

Rafi: 87003226.

Poppy: Rafi! You at last!

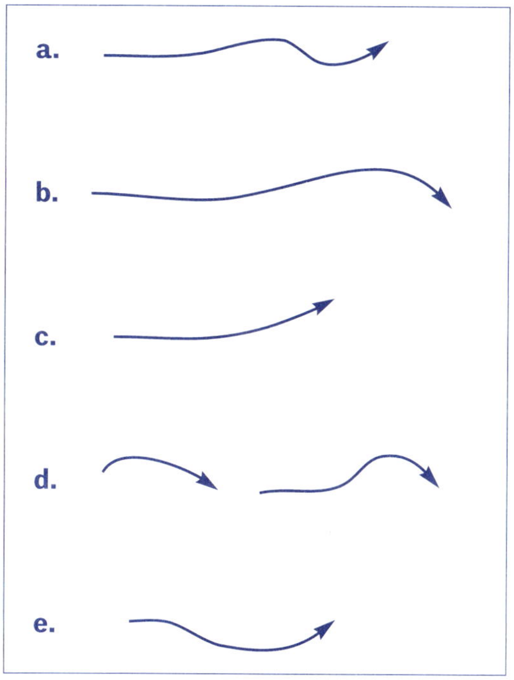

Attention !
Une ligne peut correspondre
à plusieurs phrases.

Lesson 2 Read and write

FANTASTIC MR FOX (manuel p. 41)

Read and make sense!

2. Make sense of the story.

1. Recopie les mots du texte écrits en gras à leur place sur le schéma.

On a **hill** above the **valley**, there was a **wood**.

In the wood there was a huge **tree**.

Under the tree, there was a **hole**.

In the hole lived Mr Fox and Mrs Fox

and their Small Foxes.

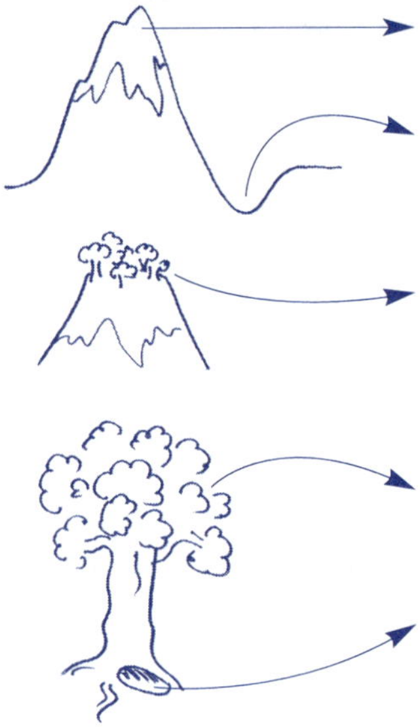

2. Déduis le sens des prépositions du schéma.

on = ____________ *in* = ____________ *under* = ____________

3. Complète les phrases par l'adjectif qui caractérise chaque fermier.

Boggis is ____________ *Bunce is* ____________ *Bean is* ____________

4. *Les deux adjectifs qui caractérisent les trois fermiers sont* ______________________________

Comment traduirais-tu celui qui commence par *m* ? ____________________

Write!

3. Écris un petit paragraphe sur chacun des trois petits renards.

a. *Reddy is the first small fox. It's a "he"* ______________________________

He is six weeks old ______________________________

____

b. *Susie is the second small fox.* ______________________________

____

____

c. *Browny* ______________________________

____

____

THE DAYS OF THE WEEK (manuel p. 42)

Culture flash!

1. Écoute et relie les jours aux planètes.

Sunday   Saturday   Sun   moon   Monday   Saturn

Language

2. Voici les abréviations usuelles des jours de la semaine. Écris les mots complets.

Sun. ______________________ *Mon.* ______________________

Tues. ______________________ *Wed.* ______________________

Thurs. ______________________ *Fri.* ______________________

Sat. ______________________

3. Retrouve l'écriture de ces ordinaux.

twentieth   eighth   hundredth   twenty-first   third   fifteenth

fifteenth   ninth   tenth   thirtieth   twelfth

1st *the first*   2nd *the second*

3rd ______________________ 8th ______________________

9th ______________________ 10th ______________________

12th ______________________ 15th ______________________

20th ______________________ 21st ______________________

30th ______________________ 100th ______________________

Réfléchis et complète.

Pour former l'adjectif ordinal on ajoute __________ *au cardinal.*

a. Recopie les trois exceptions.

____

b. Recopie dans l'ordre les ordinaux qui présentent un changement d'orthographe.

____

____

A SCARY PARTY (manuel p. 43)

Listen and think!

1. a. Écoute puis complète la grille.

1. **Quelle forme verbale** Rafi emploie-t-il pour se présenter ? __________ *Rafi.*

• Dans la phrase de Rafi, souligne le sujet en vert et le verbe en rouge.

'm correspond au verbe be à la __________ personne du ____________________ .

• Rafi ne prononce pas le verbe en entier. Il utilise une contraction. **I'm Rafi. = I am Rafi.**

'm correspond à la forme pleine : __________ .

2. **Complète** ce que dit Rafi pour présenter ses souris. __________ *a family of five.*

• Dans la phrase de Rafi, souligne le sujet en vert et le verbe en rouge.

's correspond au verbe be à la __________ personne du ______________.

• Rafi utilise une nouvelle contraction. **It's a family of five. = It is a family of five.**

's correspond à la forme pleine : __________

3. **Complète** à nouveau. ______________ *fun and good company.*

• Souligne le sujet en vert et le verbe en rouge.

're correspond au verbe « be » à la __________ personne du ______________ .

They're fun and good company. = They are fun and good company.

're remplace la forme pleine ______________ .

4. **Complète** ce que dit Rafi et retrouve des contractions déjà vues.

The father's fat and __________ funny.

The mother's funny too but __________ very shy.

b. Écoute de nouveau en suivant le texte des yeux, puis lis-le à haute voix.

Remember? I'm Rafi. I love mice. I've got five white mice. Yes, it's a family of five.

They're fun and good company. The father's fat and he's funny.

The mother's funny too but she's very shy.

I like my mice. Poppy hates mice!

Listen and make sense!

2. Écoute ce que disent Poppy et Rafi, et complète la fiche. Elle te permettra de résumer et de commenter le dialogue.

Pictures 1 & 2

Place: A lot of children are at school ☐ at the Bensons' ☐.

Time: *It's ______ o'clock.*

• **Poppy asks 3 questions.**

She asks a first question to ______.

She asks a second question about a ______ with a ______.

She asks a third question about the boy next to ______.

• **Rafi says** to Poppy, "It's not a boy, stupid. It's Jessica."

Poppy is surprised. Yes. ☐ No. ☐

Picture 3

• **Rafi says:** "Look what I've got!"

He's got ______ in his pocket.

• **Poppy says:** "Watch out everyone!"

She is horrified. Yes. ☐ No. ☐

Picture 4

• What about the children at the party? ______ *too.*

Expressions. Donne l'équivalent français de :

It's a lovely party. ______

It's fun. ______

Watch out everyone! ______

Recap!

3. Résume le dialogue entre Poppy et Rafi à l'aide des mots clé de ton manuel, page 43.

______

______

______

DO IT YOURSELF!

(manuel pp. 44-45)

1. b. Écris les mots qui correspondent aux différentes parties du dessin.

2. Entoure le lutin qui correspond au texte de lecture. Souligne les mots qui t'ont aidé à choisir.

It's a Goblin. Goblins are very clever. They live in woods. They eat fruit. This Goblin is very small, he's got a scary grey face. Look at his enormous head, big ears and long nose. But Goblins are very nice and very polite when you meet them.

3. a. Écoute et entoure les choses dont tu as besoin pour faire un masque.

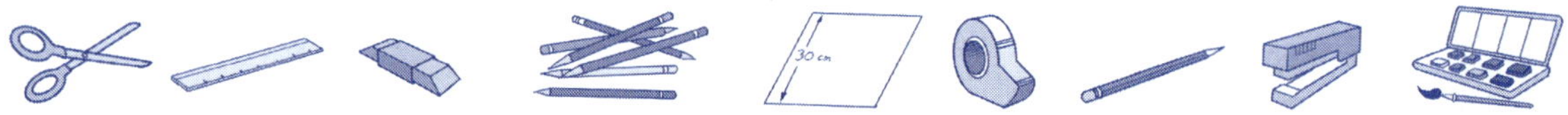

4. b. Décris un visage qui fait peur. Lis ton texte à ton voisin pour qu'il le dessine.

____

____

____

c. Dessine sous la dictée de ton voisin le visage qu'il a imaginé.

5. a. Lis et associe consignes et dessins.

1. Cut out a long strip of paper.
2. Fold it backwards and forwards into a square shape.
3. Draw a ghost, a bat or a cat on the square.
4. Take your scissors and cut it out.
5. Pull out the chain, decorate it and hang it up in the classroom.

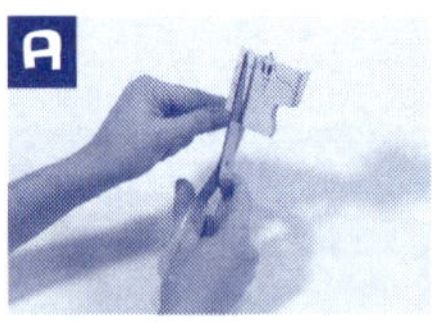

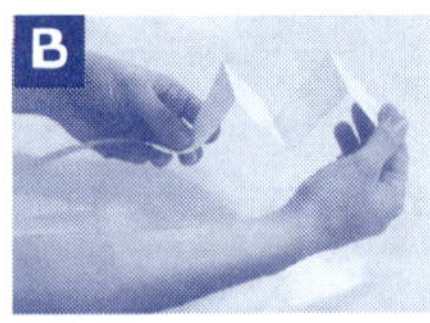

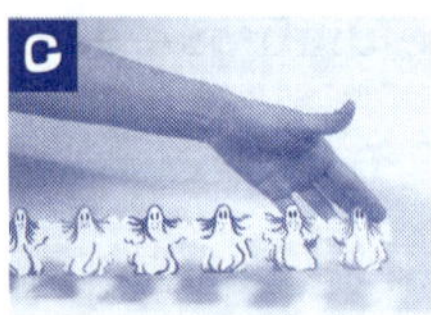

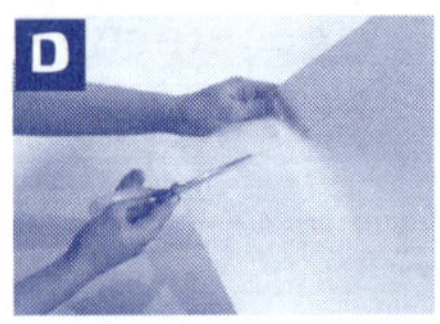

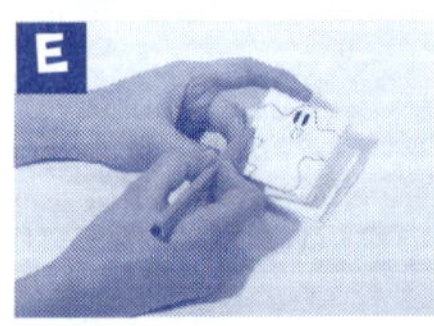

A is number ______________

B is ______________

C is ______________

D is ______________

E is ______________

6. b . Classe les mots suivants selon le son en gras.

witch fl**y** go b**y** h**ow**l swish mi**aow**

[ai]	[ɪ]	[aʊ]
______________	______________	______________
______________	______________	______________

c. Prends trois crayons de couleur différente. Colorie d'une même couleur les imitations de bruit *(swish)*, les verbes et les noms qui contiennent le même son.

This is the way the witches fly, witches fly, witches fly,

This is the way the witches fly:

Swish, swish, swish!

This is the way the ghosts go by, ghosts go by, ghosts go by,

This is the way the ghosts go by:

Oooh, oooh, ooh!

This is the way the black cats howl, black cats howl, black cats howl,

This is the way the black cats howl

Miaow, miaow, miaow!

The HEROES they all know

3. a. Complète les phrases. Écoute et vérifie tes réponses.

1 *Dracula is a V_ _ _ _ _ _ _.*

2 *Tarzan lives in A_ _ _ _ _ _. His mother is K_ _ _ .*

He's got a girlfriend J_ _ _.

3 *Zorro lives in S_ _ D_ _ _ _. He's got an enemy, Sergeant G_ _ _ _ _*

and a horse, T_ _ _ _ _ _ _.

4 *During the day, Catwoman is S_ _ _ _ _ _ K_ _ _.*

5 *At night, Batman puts on a B_ _ costume. He's got a friend, R_ _ _ _ _.*

He's got an enemy, the J_ _ _ _.

Mesure tes progrès

1 Expression

Je peux maintenant…

1. parler de mon déguisement d'Halloween
2. téléphoner
3. donner la date
4. décrire un monstre

… et je le prouve en rédigeant pour chaque point un énoncé affirmatif et une question.

énoncés affirmatifs	**questions**
1. ____________________	____________________
2. ____________________	____________________
3. ____________________	____________________
____________________	____________________
4. ____________________	____________________
____________________	____________________

Pour vérifier tes énoncés, relis les bulles des pages 39, 40, 42 et 44 n° 2.

Score : Excellent ☐ Bon ☐ Moyen ☐ Mauvais ☐

2 Lexique

J'ai retenu les mots nouveaux du chapitre 2 et j'en retrouve 10 qui commencent et se terminent par les lettres données.

noms

1. b _ t
2. o _ l
3. m _ _ k
4. g _ _ _ t
5. m _ _ _ _ _ r
6. p _ _ _ _ _ n

adjectifs

7. h _ _ _ _ _ _ _ d
8. f _ _ _ y
9. s _ _ _ y
10. n e

Pour vérifier l'orthographe, utilise ton lexique ou vérifie avec un camarade.

3 Prononciation

Travail à deux. Chacun entoure la syllabe accentuée. Puis lisez ces mots à haute voix à tour de rôle et mettez-vous d'accord sur la bonne accentuation.

pirate vampire pumpkin November skeleton lovely

Score : Excellent ☐ Bon ☐ Moyen ☐ Mauvais ☐

4 Grammaire

Les quatre points essentiels de grammaire étudiés dans le chapitre 2 sont :

1. les pronoms sujets *he/she/it, we/they*
2. le verbe *be*
3. le verbe *have got*
4. les adjectifs qualificatifs

Je donne un exemple pour illustrer chaque point. Je vérifie avec un(e) camarade.

1. ______________________________

2. ______________________________

3. ______________________________

4. ______________________________

Score : Excellent ☐ Bon ☐ Moyen ☐ Mauvais ☐

5 Correction d'erreurs

Anna a fait des erreurs.
Je les corrige en rouge.

J'ai trouvé
_______ erreurs.

Score : Excellent ☐ Bon ☐
Moyen ☐ Mauvais ☐

Name : Anna
I 'am Rafi . I live London
I got five white mice .

6 Préparer un contrôle

Travaillez par groupes de 3 et préparez vous-même votre prochain contrôle.
Chaque groupe choisit un point de grammaire qui l'intéresse et invente un exercice de 5 items pour ce point. Rédigez les consignes en français. Inspirez-vous des exercices du manuel : exercices à trous, énoncés dans le désordre, questions à trouver... Remettez votre proposition à votre professeur.

1. les pronoms sujets *he, she, it, we, they*
2. le verbe *be*
3. le verbe *have got*
4. les adjectifs qualificatifs

Connaître mes points faibles, c'est déjà faire des progrès.

Ma plus grosse difficulté en classe d'anglais : ______________________________

____

Quand je travaille seul(e) : ______________________________

____

CHAPTER 3

AT SCHOOL IN ENGLAND

Words, words, words

AT THE LEISURE CENTRE (manuel pp. 52-53)

Words you know

1. Fais appel à tes connaissances. Avant de prendre la parole, note les mots que tu connais déjà. Prépare des phrases à partir de ces mots.

New words

2. b. Écoute et numérote les mots dans l'ordre où tu les entends.

the violin ☐ the drums ☐ the guitar ☐ the trumpet ☐ the piano ☐

karate ☐ drama ☐ pottery ☐ photography ☐ judo ☐

c. Écris le verbe et le nom qui correspondent à l'activité fléchée.

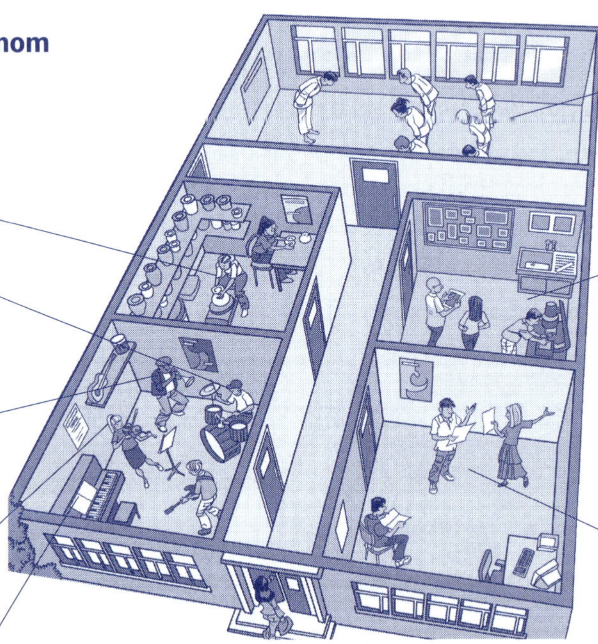

Work on Words!

3. Écris le nom des instruments que tu entends.

I can hear ______________________

____

4. Combine les verbes et les noms : écris une phrase pour chaque verbe.

____

____

____

____

6. Écris ce que tu fais pendant tes loisirs.

- *At home* ______________________
- *On Sundays* ______________________
- ______________________

The sound of English

7. a. Écoute et coche le son de la voyelle.

	read	learn	play	write	take	time	name	I
[ɜː]								
[iː]								
[aɪ]								
[eɪ]								

b. Écoute et classe les mots suivant la place de leur accent.

guitar • trumpet • pottery • drama • karate • judo • photography

mots accentués sur la première syllabe	mots accentués sur la deuxième syllabe

8. Dictée.

____

____

Lesson 1 Listen and act

THEY ARE LATE! (manuel p. 54)

"His or her?"

3- a. Relie chaque objet à son propriétaire par une flèche, rouge pour Poppy, bleue pour Rafi.

Poppy

Rafi

b. Écoute et complète avec *his* ou *her*.

Jessica: Hi, Luke! Where's Poppy? The hockey match is at 2.30. We're late.

Luke: I don't know. She's probably in ________ bedroom.

Jessica: Oh look! Here are ________ hockey things and ________ schoolbag.
We're late for the hockey match!

Luke: Rafi's here too. That's ________ jacket and here's ________ schoolbag.

Biscuit: Woof! Woof!

Luke: Here they are!

Observe et complète.

Quand Luke parle de la chambre de Poppy, de ses affaires de hockey et de son cartable, il emploie le déterminant possessif ________.

Quand il parle de ce qui appartient à Rafi, il emploie le déterminant ________.

Act out the dialogue!

3- Écoute et trace au-dessus de chaque phrase la ligne intonative qui convient.
Relis le dialogue à haute voix en suivant ces lignes.

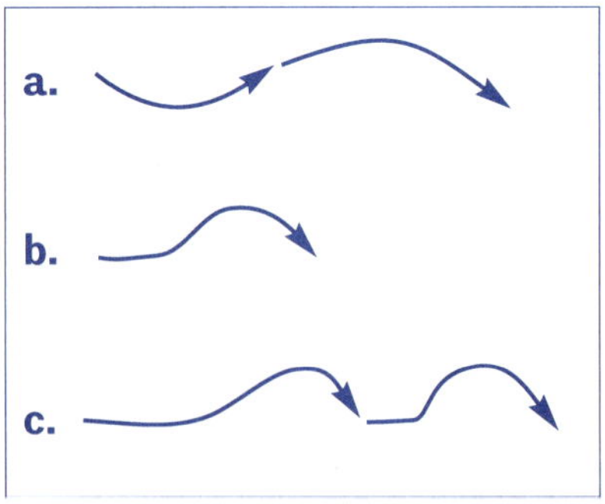

Luke: Poppy, this is Arthur. He's new.

Poppy: Hello Arthur! Welcome to Highbury Grove!

I'm Poppy.

Arthur: Hello, Poppy. Nice to meet you.

THE SCHOOL MAGAZINE (manuel p. 55)

Read and make sense!

2. Make sense of the newsletter.

1. Lis le nom des activités proposées dans *Activities Calendar* page 55 du manuel.

Écris :

– le nom des activités que tu connais déjà : ____________________

– ceux que tu comprends : ____________________

Pourquoi ? ____________________

– celui ou ceux que tu ne comprends pas : ____________________

Regarde le(s) mot(s) que tu ne comprends pas dans le lexique et note leur traduction.

2. Regarde les mots écris en gras. De quoi parle l'article ?

____

3. Relis le texte. Repère les six autres mots ou expressions qui évoquent le même sujet.

____

• Tu connais le mot *drums*. *Drummer* = ____________________

• *Keyboard* veut dire « clavier » et tu connais le verbe *play*.

Keyboard player = ____________________

• Tu connais le verbe *sing*. *Singer* = ____________________

4. a. Recopie les pronoms personnels sujets du texte en bleu et les déterminants possessifs en rouge. Écris le nom du personnage auquel ils renvoient dans l'article.

pronom personnel sujet	déterminant possessif	personnage(s)

5. Donne le nom des cinq musiciens et le rôle de chacun dans le groupe.

nom	rôle

6. Pourquoi Rafi écrit-il « *Poor Mr and Mrs Benson* » ? Réponds en français.

____

Write!

3. Rédige quelques lignes sur les activités proposées dans ton collège.
Cherche les mots qui pourraient te manquer dans la *Newsletter* de Rafi.

____

____

____

Lesson 3 **Culture and language**

AT SCHOOL (manuel p. 56)

Culture Flash!

1. *Assembly*. Écoute et coche les mots que tu entends.

- Assembly ☐ important ☐ French ☐ English ☐ school ☐
- children ☐ students ☐ teachers ☐ speak ☐ listen to ☐ headteacher ☐
- give ☐ information ☐ news ☐ instructions ☐ school ☐

Language

3. Écoute et entoure la syllabe accentuée.

history geography English German

Spanish physical education information technology

5. a. Écris ton emploi du temps en anglais. N'oublie pas d'écrire les jours de la semaine..

	M	T	W	T	F
8.30-9.25					
9.25-10.20					
10.20-10.40					
10.40-11.35					
11.35-12.30					
12.30-13.25					
13.25-14.20					
14.20-14.40					
14.40-15.35					
15.35-16.30					

What about Saturday? ____________________

Lesson 4 **Listen and recap**

ASSEMBLY AT HIGHBURY GROVE (manuel p. 57)

Listen and think!

1. Écoute et complète.

Complète la question de Jessica. __________ *you know the new French verbs by heart?*

Quel mot utilise-t-elle pour poser sa question ? __________

Change-t-il la place du sujet et du verbe ? __________

• Que répond Poppy ? ____________________

Quelle question pose-t-elle à Jessica ? __________

Jessica répond par une réponse courte : ____________________

Elles n'ont pas de cours de français aujourd'hui.

Que dit Poppy? ____________________

Quel mot-outil emploie-t-elle ? __________ Où le place-t-elle ? __________

Conclusion

• Pour poser une question avec un verbe lexical, on place __________ avant le sujet et le verbe.

• Pour faire une phrase négative, on place __________ entre le sujet et le verbe.

• Pour faire une réponse courte négative, on reprend __________ à la forme négative (= __________) avec le pronom personnel sujet qui convient.

Listen and make sense!

2. Écoute et prends des notes.

• Mrs White says: ______________ *everybody.*

The students answer: ______________

• Mrs White says: ______________ 2 ☐ 3 ☐ *new players in the hockey team.*

They are: ______________

Comment. She thinks it's good news ☐ bad news ☐.

• Mrs White says: *Let's* ______________ *a round of applause.*

Comment. The students are excited ☐. They don't react ☐.

• Mrs White says: ______________

Comment. *Then she asks for* ______________

• Mrs White says: *We now* ______________ *a twin* ______________ *in Philadelphia, in Canada* ☐ *in the United States* ☐ *in Australia* ☐.

Comment. Perhaps the students can visit the twin school in the spring ☐ in the summer ☐.

• The students shout: Wow! Great! Wonderful!

Comment. They are happy ☐ excited ☐ unhappy ☐.

Recap!

3. Recopie le texte que vous avez élaboré en classe à l'aide des mots clés.

____

____

____

Use your skills

A BIT OF EVERYTHING (manuel pp. 58-59)

1. Repère ces mots sur la carte page 63. Traduis-les en français.

Dover: ______________ *The Thames:* ______________ *Wales:* ______________

London: ______________ *Scotland:* ______________ *Cornwall:* ______________

The United Kingdom: ______________ *The English Channel:* ______________

2. Quel est ou quel était le métier de chacun ?

queen | king | admiral | politician | singers | poet and playwright

Shakespeare (1564-1616) was ______________________________.

Elizabeth I (1533- 1603) was ______________. Elizabeth II (born 1926) is ______________.

Henry VIII (1491-1547) was ______________. The Beatles (1962-1970) were ______________.

Lord Nelson (1758-1805) was ______________________________.

Winston Churchill (1874-1965) was ______________________________.

Place ces personnages célèbres dans leur(s) siècle(s).

16th century	17th century	18th century	19th century	20th century

The COUNTRY they live in (manuel pp. 62-63)

2. Regarde la carte et les photos, puis réponds au quizz sur le Royaume-Uni.

1. *London is the ______________ of the United ______________.*

2. *The United Kingdom includes ______________, ______________, ______________ and ______________.*

3. *Oxford is famous for its ______________.*

4. *Liverpool is famous for the ______________.*

5. *Scotland is famous for its haunted ______________.*

6. *The Shetlands are famous for their ______________.*

7. *Loch Ness is a ______________. It is famous for its ______________.*

8. *______________ Hood lived in Nottingham ______________.*

9. *Manchester is famous for its ______________ team.*

10. *Stonehenge, like Carnac in France, is a ______________ site.*

Mesure tes progrès

1 Expression

Je peux maintenant...

1. parler de mes activités extrascolaires

2. décrire mon emploi du temps au collège

... et je le prouve en rédigeant pour chaque point un énoncé affirmatif et une question.

énoncés affirmatifs	questions
1. ______________________	______________________
______________________	______________________
2. ______________________	______________________
______________________	______________________

Pour vérifier tes énoncés, relis les bulles des pages 53 et 56.

Score : Excellent ☐ Bon ☐ Moyen ☐ Mauvais ☐

2 Lexique

a. Je retrouve 6 noms et 4 verbes de la leçon *At the Leisure Centre* pour parler de mes loisirs.

musical instruments: 1. ____________ **2.** ____________ **3.** ____________

activities: 1. ____________ **2.** ____________ **3.** ____________

verbs: 1. ____________ **2.** ____________ **3.** ____________ **4.** ____________

b. Je sais utiliser le verbe qui convient.

1. *I* ____________ *the piano.*

2. *We* ____________ *a lot of pictures.*

3. *Do you* ____________ *music in the car?*

4. *Do you* ____________ *a teenage magazine?*

c. J'utilise la bonne préposition.

1. ________ *the bus*

2. ________ *home*

3. ________ *my bedroom*

4. ________ *the car*

5. ________ *school*

6. ________ *the tree, there's a hole.*

Score : Excellent ☐ Bon ☐ Moyen ☐ Mauvais ☐

3 Prononciation

1. Travail à deux. Lis ces mots à haute voix avec ton voisin.

read learn play write take time

Écris les mots qui contiennent les sons demandés.

[eɪ] ______________________ [aɪ] ______________________

Vérifie avec un(e) camarade.

2. Travail à deux. Entoure la syllabe accentuée. Mettez-vous d'accord sur la bonne accentuation.

geography Assembly timetable citizenship guitar

Score : Excellent ☐ Bon ☐ Moyen ☐ Mauvais ☐

4 Grammaire

Les quatre points essentiels de grammaire étudiés dans le chapitre 3 sont :

1. *his/her*

2. le présent simple des verbes lexicaux

3. *do* verbe lexical comme dans *do pottery*

4. l'article zéro

Je donne un exemple pour illustrer chaque point. Je vérifie avec un(e) camarade.

1. ______________________________

2. ______________________________

3. ______________________________

4. ______________________________

Score : Excellent ☐ Bon ☐ Moyen ☐ Mauvais ☐

5 Correction d'erreurs

Anna a fait des erreurs.
Je les corrige en rouge.

Name: Anna

you go to school Wednesdays?

- No, I do. But I go the Saturday.

J'ai trouvé ________ erreurs.

Score : Excellent ☐ Bon ☐ Moyen ☐ Mauvais ☐

6 Préparer un contrôle

Travaillez par groupe de 3 et préparez vous-même votre prochain contrôle.
Chaque groupe choisit le point qui l'intéresse et invente un exercice de 5 items pour ce point.

1. le présent simple **2.** *Yes, I do./No, I don't.* **3.** *his/her* **4.** *have* et *have got*

Connaître mes points faibles, c'est déjà faire des progrès.

Ma plus grosse difficulté quand je travaille en classe : ______________________________

____

Quand je travaille seul(e) : ______________________________

____

CHAPTER 4

LIFESTYLES

Words, words, words

A MESSY ROOM

(manuel pp. 66-67)

Words you know

1. Fais appel à tes connaissances. Rédige quelques phrases pour indiquer où se trouvent les objets dont tu connais déjà le nom.

____

____

____

____

____

New words

2. b. Numérote les mots nouveaux dans l'ordre où tu les entends.

a desk ☐	an alarm clock ☐	a shelf ☐	a watch ☐
a rabbit ☐	a mobile phone ☐	a cupboard ☐	a dictionary ☐
a calculator ☐	a chair ☐	a door ☐	the floor ☐

Work on words!

4. a. Où se trouve le lapin ?

1. ______________________________ 2. ______________________________

3. ______________________________ 4. ______________________________

5. ______________________________ 6. ______________________________

b. Prépare une dictée en images pour ton voisin.

Ne demande pas de dessins trop compliqués !

• **Dessine sous la dictée de ton voisin.**

6. Écris le plus grand nombre possible de noms dans ces trois catégories.

school things	clothes	personal things

8. Écris un petit paragraphe sur ta chambre.

The sound of English

9. a. Trouve d'autres mots qui contiennent une syllabe accentuée + *r*.

b. Écoute et entoure la syllabe accentuée.

calculator	dictionary	cupboard	alarm	rabbit
mobile	bedroom	under	behind	between

10. Dictée.

AT THE CINEMA (manuel p. 68)

Look, listen and understand

2. Écoute et coche la bonne réponse.

	vrai / faux	correction
1. Greg is late.	☐ ☐	______________
2. Luke hasn't got the tickets.	☐ ☐	______________
3. Greg wants to buy some chewing gum.	☐ ☐	______________
4. Luke hasn't got any money left.	☐ ☐	______________
5. Greg can buy some popcorn.	☐ ☐	______________
6. Greg can buy some jelly beans.	☐ ☐	______________

"Some" or "any"?

3. Écoute et complète le dialogue avec *some* et *any*.

Greg: Let's go in and buy __________ popcorn and ______________ jelly beans.

Luke: You and your jelly beans! By the way, I haven't got ____________ money left.
Have you got ____________ money?

Greg: Well, I've got ____________ change.

4. Résume le dialogue.

Luke's got the ________________ and he hasn't got __________________ left.

Greg wants to buy ________________ and __________________________

Greg's got enough money for __________________________ but he hasn't got enough for __________________________.

5. Pairwork. Coche 4 choses que tu aimerais acheter pour ton goûter. Puis dialogue avec ton voisin.

I'd like some…
What about you?

I don't want any… ,
but I'd like … .

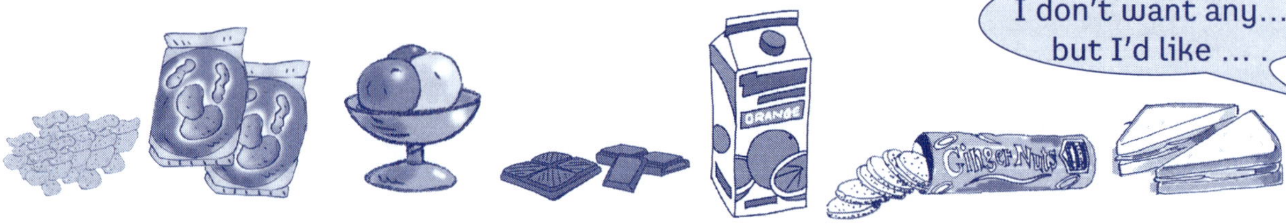

Réfléchis et complète.

Some *et* ***any*** *indiquent une* ______________________________

Some *s'emploie dans* ______________________________

Any ______________________________

Act out a dialogue!

6. Écoute et choisis la ligne intonative pour les *Yes/No questions* et les réponses.

ASSISTANT: Can I help you?

BOY: Yes, please.

Have you got any birthday cards?

ASSISTANT: I'm afraid we haven't got any left.

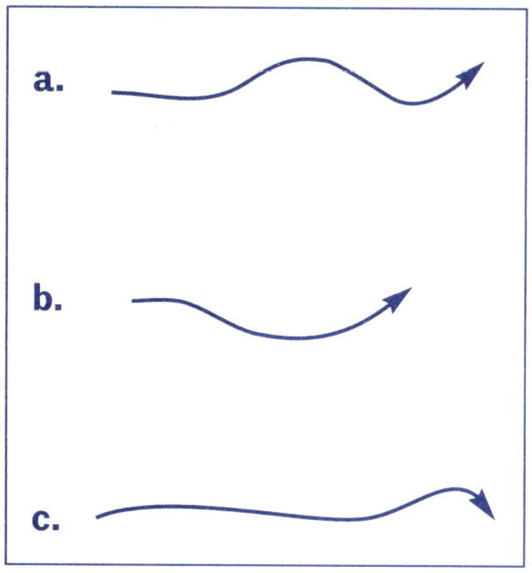

Lesson 2 Read and write

A MOVIE REVIEW **(manuel p. 69)**

Read and make sense!

2. *Make sense of a movie review*. Complète.

1. Ce document est ______

Les principaux acteurs sont ______

2. Le mot anglais « *audience* » pourrait se traduire par ______

3. Ce film est une histoire ______ écrite par ______

La phrase du texte qui le dit est : ______

4. Charlie peut manger une tablette de chocolat à l'occasion de ______

5. « *Contest* » pourrait se traduire par ______

6. Quel rapport vois-tu entre les mots « *prize* » et « *contest* » ? ______

______

Write!

Écris quelques lignes à propos d'un film que tu aimes.

(name of the film) ______ *is a film about* ______

called ______. *I think it is a* (adjective) ______ *film.*

I like (name of an actor/actress) ______ *in the leading role**.

He/she's very (adjective) ______.

* leading role = rôle principal

FROM LORD SANDWICH TO THE SANDWICH BAR (manuel p. 70)

Culture flash!

1. Écoute et coche ce que tu entends.

- The word *sandwich* comes from the name of an 18th century ☐ 17th century ☐ aristocrat called Lord Sandwich.
- He played music ☐ cards ☐ with his friends day and night and wanted something quick and easy to eat. His cook invented sandwiches ☐ hamburgers ☐.
- Lord Sandwich ate his sandwiches with his fingers ☐ his hands ☐ at the card table.

Language

2. Quelles sortes de sandwiches et de boissons peux-tu composer à partir des ingrédients dessinés ci-dessous ?

Sandwiches

a. ______________________

b. ______________________

c. ______________________

d. ______________________

e. ______________________

f. ______________________

Drinks

a. ______________________

b. ______________________

c. ______________________

d. ______________________

e. ______________________

f. ______________________

THE LUNCHBOX (manuel p. 71)

Listen and think!

1. Écoute et complète.

• Les Benson font une liste de courses.

Complète la deuxième question de Mr Benson.

________ *there* ________ *milk?*

Dans cette question, je repère le verbe ________. *Il est au* ________

Mr Benson veut savoir si ________

• Par sa réponse Mrs Benson indique qu'il y a du lait ☐ qu'il n'y a pas de lait ☐.

Elle dit : ________.

• Mr Benson veut savoir s'il y a des œufs.

Il demande : ________ *eggs?*

Dans cette phrase, il s'agit toujours du verbe ________ *mais il est au* ________

• Mrs Benson répond : ________

Conclusion ________

« there is/there are » se traduit en français par ________

• Dans l'expression « there is, there are », le verbe ________ s'accorde avec ________.

• Dans une phrase négative, « there isn't/there aren't » sont les formes contractées de ________ et de ________.

Lis le dialogue tout en l'écoutant.

Mrs Benson: David, let's go shopping.

Mr Benson: Fine with me. What do we need? Let's check! Is there any milk?

Mrs Benson: No, there isn't any.

Mr Benson: OK. Let's buy some milk! Are there any eggs?

Mrs Benson: No, there aren't any.

Mr Benson: OK. Let's buy some eggs! And are there…

Mrs Benson: David, we need everything! Come on, let's go!

• Lisez le dialogue à haute voix à deux puis jouez la scène.

Listen and make sense!

Avant d'écouter, écris le nom de quelques sandwiches « préparés » page 70.

____

____

2. Écoute et complète la fiche.

- **Time**. It's breakfast time. ☐ It's dinner time. ☐
- **Place.** The Bensons are at home ☐ in the hall ☐ in the kitchen ☐.
- **Mrs Benson asks:** ____

because she wants to prepare ☐ buy ☐ Poppy's and Luke's lunchboxes.

- **Luke** answers: *I'd like a* ____

and a ____

He wants one ☐ two ☐ sandwiches.

- **Poppy** says:

Can I have a ____________________ *and* ____________________ *sandwich mustard?*

Comment. Mrs Benson is surprised ☐ doesn't react ☐.

- **Poppy** says: Just joking! ☐ Just talking! ☐

Comment. Is Poppy serious? Yes. ☐ No. ☐

- **Luke** and Poppy say: *Can we have* ____*?*
- **Mrs Benson** answers: There aren't any. ☐ There are some. ☐

Comment. Luke and Poppy are happy ☐ disappointed ☐. [dɪsə'pɔɪntɪd]

Expressions. Donne l'équivalent français de :

Just joking! ____

I'd like a sandwich. ____

Recap!

3. Résume le dialogue à l'aide des mots clé dans ton manuel page 71.

____

____

4. Écris un court paragraphe sur ton déjeuner en semaine.

____

____

Use your skills

PLAY SHOP (manuel pp. 72-73)

2. Work on English money.

• Regarde la taille et la forme des pièces. De quelles pièces s'agit-il ?

 ____________

 ____________

 ____________

Trouve les billets correspondant aux couleurs.

It's a green note. *It's a* ____________

It's a purple note. *It's a* ____________

It's a yellow-brown note. *It's a* ____________

• Écris et dis à haute voix le montant représenté.

3. a. Convertis ces livres (£) en euros. La livre vaut environ 1,50 €.

£2 = ____________ £2.50 = ____________ £3 = ____________ £3.75 = ____________

£4.50 = ____________ £5 = ____________ £10 = ____________ £18 = ____________

£25 = ____________ £30 = ____________ £45 = ____________ £65 = ____________

4 - Play shop. Kids' Cavern.

a. Complète les étiquettes de prix.

Prévois ce que tu vas dire. Rédige quelques notes.

The WINTER CELEBRATIONS they enjoy

(manuel pp. 76-77)

Thanksgiving

1. a. Après avoir lu le texte sur *Thanksgiving,* réponds aux questions suivantes.

• What do American families do on Thanksgiving Day? ______________________________

____

• What is the traditional Thanksgiving menu? ______________________________

____

• Look at a calendar. Find the date of Thanksgiving this year. ______________________

Christmas

2. Écoute et chante la première strophe de ces deux chants de Noël très célèbres.

Silent night
Silent night, holy night
All is calm, all is bright.
Round yon virgin, mother and child.
Holy infant so tender and mild.
Sleep in heavenly peace, sleep in heavenly peace.

Ding dong, merrily on high
Ding dong, merrily on high
In heaven the bells are ringing.
Ding dong, verily the sky
Is riven with angels singing.
Gloria. Hosanna in excelsis.

3. Fabrique une carte de vœux. Dessine un motif de Noël (arbre, traîneau, etc.) sur un carton fin, recopie un des messages proposés ci-dessous et remets ou envoie ta carte à un destinataire de ton choix.

To...

• I wish you a Merry Christmas!
• Have a cracking Christmas!
• Merry Christmas!
• With Best Wishes for Christmas and the New Year!
• Have lots of fun at Christmas!
• Have a wonderful Christmas and a Happy New Year!

From...

7. Quelles sont tes résolutions pour la nouvelle année?
Coche plusieurs réponses. Tu peux en trouver d'autres. Communique-les à la classe.

I promise to...

• tidy my bedroom. ☐
• be nice to my brothers and sisters. ☐
• learn my lessons. ☐
• help my parents at home. ☐
• be quiet in class. ☐

Mesure tes progrès

1 Expression

Je peux maintenant...

1. décrire ma chambre
2. faire mes achats en £
3. parler des fêtes de fin d'année
4. dire quelles sont mes bonnes résolutions pour la nouvelle année

... et je le prouve en rédigeant pour chaque point un énoncé affirmatif et une question.

	énoncés affirmatifs	**questions**
1.	____________________	____________________
	____________________	____________________
2.	____________________	____________________
	____________________	____________________
3.	____________________	____________________
	____________________	____________________
4.	____________________	____________________
	____________________	____________________

Score : Excellent ☐ Bon ☐ Moyen ☐ Mauvais ☐

Pour vérifier tes énoncés, reporte-toi aux pages 67, 73, 77 de ton manuel et pages 53-54 de ce cahier d'exercices.

2 Lexique

J'ai retenu les mots nouveaux du chapitre 4 et j'en propose 5 par catégorie.

personal things	
bedroom furniture	
prepositions	

Score : Excellent ☐ Bon ☐ Moyen ☐ Mauvais ☐

3 Prononciation

Te souviens-tu du rôle de la consonne « r » dans les syllabes accentuées ?

____

Travail à deux. Lisez ces mots à haute voix à tour de rôle. Mettez-vous d'accord sur leur prononciation.

first fourth born floor third alarm board

Score : Excellent ☐ Bon ☐ Moyen ☐ Mauvais ☐

4 Grammaire

Les quatre points essentiels de grammaire étudiés dans le chapitre 2 sont :

1. *some* et *any*

2. *Where is/are... ?*

3. *How much is/are... ?*

4. *there is/there are*

Je donne un exemple pour illustrer chaque point. Je vérifie avec un(e) camarade.

1. ______________________________

2. ______________________________

3. ______________________________

4. ______________________________

Score : Excellent ☐ Bon ☐ Moyen ☐ Mauvais ☐

5 Correction d'erreurs

Anna a fait des erreurs.
Je les corrige en rouge.

Name : Anna
Sam's is very messy : there
are T-shirt and shoes under his
bed. There isn't any books on his
deske.

J'ai trouvé ________ erreurs.

Score : Excellent ☐ Bon ☐ Moyen ☐ Mauvais ☐

6 Préparer un contrôle

Travaillez par groupes de 3 et préparez vous-même votre prochain contrôle. Chaque groupe choisit un point de grammaire qui l'intéresse et invente un exercice de 5 items pour ce point.

1. *some* et *any*

2. *Where is/are... ?*

3. *How much is/are... ?*

4. *there is/there are*

Connaître mes points faibles, c'est déjà faire des progrès.

Ma plus grosse difficulté en classe d'anglais : ______________________________

____

Quand je travaille seul(e) : ______________________________

____

CHAPTER 5

HAPPY FAMILIES

Words, words, words

CHOOSE A JOB! (manuel pp. 80-81)

Words you know

1. Fais appel à tes connaissances. Avant de parler du dessin, note les noms de métier que tu connais déjà en les associant aux personnages du manuel ou à des gens que tu connais.

I remember Mr Benson's a ______________________________

____

____

New words

2. Numérote les noms de métier dans l'ordre où tu les entends.

a shop assistant ☐	a vet ☐	a ballet dancer ☐	a hairdresser ☐
a fireman ☐	a policeman ☐	a cook ☐	an actress ☐
a doctor ☐	a bus driver ☐	a mechanic ☐	an actor ☐

3. a. Écoute et associe un prénom à un métier. Note d'abord le numéro puis écris le nom du ou des futurs métiers de chacun.

1. actor 2. policeman 3. bus driver 4. cook 5. actress 6. engineer 7. researcher 8. fireman 9. teacher 10. vet 11. ballet dancer

A. Sam	*10*	*a vet*	**F.** Sharon		
B. Alan			**G.** Sarah		
C. Anthony			**H.** Amy		
D. Peter			**I.** Jimmy		
E. Tom					

Choisis un des personnages. Pose la question de son futur métier et réponds.

____

Work on words!

5- a. Trouve des noms composés de métier.

1. He drives a bus.

He's a ______________________

2. She drives a taxi.

She's a ______________________

3. She teaches biology.

She's a ______________________

4. He teaches maths.

He's a ______________________

5. She dances in a ballet.

She's a ______________________

6. He's an assistant in a shop. *He's a* ______________________

b. Trouve des noms de métier en un seul mot.

1. She acts in films. *She's an* ______________

2. He acts in films. *He's an* ______________

3. She writes books. *She's a* ______________

4. He does research. *He's a* ______________

5. She sings. *She's a* ______________

6. He plays the piano. *He's a* ______________

• Traduis l'énoncé n°6 en français. Que remarques-tu ?

____

____

7- Associe un métier et le lieu où on l'exerce.

shop

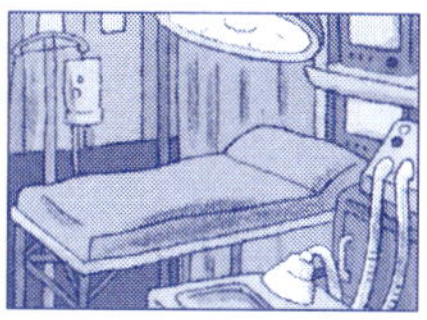

hospital

garage

lab (laboratory)

restaurant

theatre

school

office

bus

____

____

____

____

____

____

____

____

____

____

____

The sound of English

9. a. Écoute et souligne la syllabe accentuée.

policeman driver mechanic dancer assistant
doctor fireman researcher hairdresser actress

b. Écris 5 mots qui se terminent par *-er* ou *-or* et lis-les à haute voix.

____

10. Dictée.

____

____

Lesson 1 **Listen and act**

RAFI'S FAMILY (manuel p. 82)

Rafi's family

2. Écoute et coche le bon lien de parenté. Complète les fiches d'identité de chaque personnage en réécoutant l'enregistrement.

1. Rafi

- Rafi's parents are divorced ☐ married ☐.
- Rafi lives with his father and mother ☐ with his father and stepmother ☐.
- *Rafi spends his weekends with* ______________________.

2. Jafar is:

- Rafi's mother ☐ Rafi's father ☐. Barbara's husband ☐ Barbara's brother ☐.

His job: ______________________. Born in: ______________________.

- Who lives in Pakistan? Rafi's uncle ☐ aunt ☐ cousins ☐ friends ☐.

3. Barbara is:

Jafar's first wife ☐ Jafar's second wife ☐. Rafi's mother ☐ Rafi's stepmother ☐.

She's got a son and a daughter ☐ two sons and a daughter ☐.

4. Comment

Rafi gets on very well with Alice and John. Yes. ☐ No. ☐

Help!
get on well with
= be good friends with

• **Réfléchis et complète.**

La forme « *Rafi's father* » s'appelle le génitif. Cherches-en d'autres exemples page 60.

____

Le génitif sert à ______________________________

• Souligne le génitif dans l'énoncé « *Rafi's father is a computer expert* ».

• Comment le génitif est-il formé ? ______________________________

Il est placé ______________ *le nom qu'il détermine.*

• Dans l'énoncé « *Rafi**'s** father**'s** a computer expert* » le 1er 's est ______________

Le 2e 's est ______________________________

Act out a dialogue!

6. Écoute le dialogue. Dans les *Wh/H questions,* la voix monte-t-elle ou descend-elle en fin de question ?

Lesson 2 Read and write

DR JEKYLL AND MR HYDE (manuel p. 83)

Read and make sense!

2. Make sense of *The Strange Case of Dr Jekyll and Mr Hyde*.

1. *L'auteur s'appelle* ______________________________

2. *Le roman a été publié en* ______________. *L'écrivain est mort à l'âge de* ______________

3. Que signifie *strange* dans le titre ? ______________________________

J'ai pu répondre à cette question car ______________________________

____

4. Mots transparents dans le résumé de l'histoire : ______________________________

____

5. Le verbe *hide* signifie « se cacher ». Quel rapport vois-tu avec l'un des noms du héros ?

____

6. Meilleur titre : ______________________________

Write about the monster!

3. Imagine Mr Hyde et décris-le. Repère les adjectifs utilisés dans le texte pour décrire Dr Jekyll et classe-les dans la colonne Dr Jekyll.

Il peut y avoir plusieurs adjectifs pour chaque catégorie.

	Dr Jekyll	Mr Hyde
age	*young*	
personality		
physical appearance	*good-looking*	
hair		
eyes		
nose		
face		
clothes	*elegant*	*not well dressed*

- **Pour préparer le portrait de Dr Jekyll, pour la colonne « Mr Hyde » choisis les adjectifs de sens contraire.**

dark • cruel • unfriendly • ugly • straight • big • old • long

- **Maintenant imagine et décris Mr Hyde (allure, cheveux, visage...).**

Mr Hyde is the exact opposite of Dr Jekyll. ______________________________

____

____

____

Lesson 3 **Culture and language**

LONDON ZOO (manuel p. 84)

Culture flash!

1. Écoute et complète les informations correspondant au Zoo de Londres.

London Zoo was the __________ *scientific zoo in the world. It opened in* __________.

Zoos are important not only for the pleasure of visitors but also for the __________

of __________.

About __________ *different sorts of* __________ *live in London Zoo.*

Language

3. c. Regarde cet extrait du plan de métro de Londres et complète.

Vérifie les couleurs sur ton manuel p. 84.

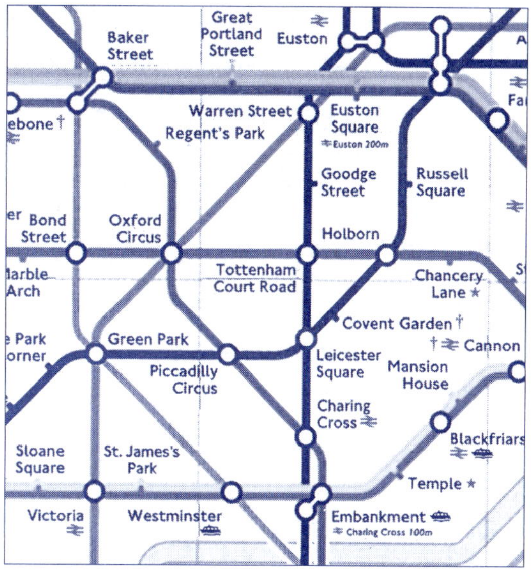

- *To go to Regent's Park from Bond Street, change at* __________ *or at* __________.
- *To go to Regent's Park from Holborn, change at* __________.
- *To go to Regent's Park from Covent Garden, change at* __________.
- *To go to Regent's Park from Victoria, change at* __________.
- *To go to Regent's Park from St James's Park, change at* __________ *and* __________

Lesson 4 **Listen and recap**

AN AFTERNOON WITH THE BABOON

(manuel p. 85)

Listen and think!

1. Écoute et complète la grille.

1. Complète la question de Luke à Poppy. __________ *hockey?*

Au présent simple, à la 3e personne du singulier « do » devient __________.

2. Écoute la réponse courte affirmative de Poppy et écris-la. *Yes,* __________.

3. Poppy donne d'autres informations concernant Rafi. Complète.

On Saturdays, he __________.

You know he __________.

When he doesn't go to the zoo, he __________

Conclusion

- À la 3e personne du présent simple de la forme affirmative, un verbe lexical se termine par __________.

À la 3e personne du singulier, « don't » devient __________.

Classe les verbes que tu as trouvés selon les trois types de prononciation du « s » final.

[s]	[z]	[ɪz]
______________	______________	______________
______________	______________	______________

Conclusion

- On utilise « do/does » pour ______________________________
- On utilise « don't/doesn't » pour ______________________________

- **Rappel**

Le présent simple sert à exprimer ______________________________.

____

- Résume les occupations de Rafi le samedi.

____

____

- **Lisez le dialogue à deux voix puis jouez la scène.**

(Conseil d'interprétation : Luke se moque un peu de Rafi, Poppy défend son ami.)

LUKE: Does Rafi play hockey?

POPPY: Yes, he does.

LUKE: Can he play for us on Saturday?

POPPY: I'm not sure. On Saturdays he often goes to London Zoo. You know he likes animals. And when he doesn't go to the zoo, he watches Animal Planet on television.

LUKE: Sounds boring!

POPPY: No, it's not boring. It's a really interesting television programme!

Listen and make sense!

2. Écoute et complète la fiche.

- **Time:** It's morning. ☐ It's afternoon. ☐
- **Poppy says:** *How* ______________________! She's surprised. Yes. ☐ No. ☐
- **Poppy's first question:** ______________________ *baboons* ______________________?

She's curious. ☐ She's not interested. ☐

- **Poppy's second question:** ______________________ *this baboon* ______________________ ______________________?

Rafi's answer

His parents are from Africa. ☐ His parents are from America. ☐

• **Poppy's third question:**

She wants to know the baboon's ________________.

She asks: ________________________________

Rafi's answer: ________________________

Is he sure about the baboon's age? Yes. ☐ No. ☐

• **Poppy's fourth question**

She wants to know about the baboon's routine. ☐ about the baboon's family. ☐

Rafi's answer

The baboon plays with visitors ☐ with the other baboons ☐.

He sleeps ☐ watches the visitors ☐.

• **Poppy's fifth question:** ____________________________ .

Rafi's answer

Is Rafi sure that the baboon is happy? Yes. ☐ No. ☐

• **Rafi and the baboon**

Rafi likes the baboon very much. ☐ He doesn't like him. ☐

Expressions. Donne l'équivalent français de :

Difficult to say! ________________________________

Tell me: what does he do all day? ________________________________

Recap!

3- Résume le dialogue à l'aide des mots clé de ton manuel page 85.

____

____

____

____

HAPPY FAMILIES (manuel pp. 86-87)

2. a. Associe une famille à un commerce ou un endroit.

- The Sole family. *They are* ______________________
- The Stamp family. *The father is* ______________________
- The Bacon family. *Mr and Mrs Bacon are* ______________________
- The Green family. *Miss Green and Master Green's parents are probably* ______________________
- *The Buds are* ______________________
- *The Buns are* ______________________. *They work in a* ______________________.
- *Mr Constable works in* ______________________

3. Il n'y avait pas assez de place sur la page pour toutes les cartes ! Note celles qui manquent.

____

____

____

4. Écoute et apprends les règles du jeu "Happy Families". Complète.

The cards show __________ *members of* __________ *different families.*

The members of the family are:

1. ______________________ **2.** ______________________

3. ______________________ **4.** ______________________

The daughter's called ______________________.

The son's called ______________________.

There is no ______________________ *and no* ______________________ .

• Ce que disent les joueurs :

Girl: *Right. I* __________ *. Paul,* __________*?*

Boy: *Yes, I* __________ *. Here you are.*

A film they liked

(manuel pp. 90-91)

Billy Elliot

2. Sers-toi du tableau pour rédiger un paragraphe sur Billy, sa famille et ses amis.

The family's home town	Durham
Billy's father	Gary Elliot – age: about 50 – job: coal miner
Billy's brother	Tony Elliot – age: about 20 – job: coal miner
Billy's grandmother	mother of Billy's mother – age: about 80 – ♥ dancing
Billy's mother	dead
Billy's friends	Debbie – age 11/12 – ♥ Billy Michael – age 11 – same school as Billy
Billy's ballet teacher	Mrs Wilkinson – age: about 50 – Debbie's mother

3. Numérote ces phrases dans le bon ordre.

A Billy Elliot is a film about an eleven-year-old schoolboy. [1]

B Problem! Gary doesn't want a son who's a ballet dancer. [ ]

C But he doesn't tell his father about it; he keeps it secret. [ ]

D One day, when he is in the village hall with his boxing club, he sees Mrs Wilkinson's ballet classes. [ ]

E Billy chooses Mrs Wilkinson's classes and stops boxing. [ ]

F After school the young boy goes to boxing lessons. [ ]

G But Mrs Wilkinson encourages Billy a lot. [ ]

H Billy has a real talent for ballet dancing and Mrs Wilkinson speaks to Billy's father. [ ]

I Finally the young boy goes for an audition at the Royal Ballet School in London, and becomes a star dancer. [9]

Tu peux maintenant rédiger un résumé du film Billy Elliot.

1. *Billy Elliot is a film about* ______________________________

____

____

____

____

____

____

Mesure tes progrès

1 Expression

Pour vérifier tes énoncés, reporte-toi aux pages 81, 82, 84 et 91 de ton manuel.

Je peux maintenant...

1. parler du métier que je veux faire

2. décrire les liens de parenté

3. parler d'un film

... et je le prouve en rédigeant pour chaque point un énoncé affirmatif et une question pour les deux premiers.

1. ______________________________ ______________________________

______________________________ ______________________________

2. ______________________________ ______________________________

3. ______________________________ ______________________________

Score : Excellent ☐ Bon ☐

Moyen ☐ Mauvais ☐

2 Lexique

Pour vérifier l'orthographe, utilise ton lexique.

a. J'ai retenu les mots des métiers et de la famille et j'en propose 5 par catégorie.

	Jobs	**Family members**
1.		
2.		
3.		
4.		
5.		

b. J'associe un verbe à un complément ou deux compléments et je donne le nom des métiers.

	do • drive • treat • write • repair	**name of job**
sick animals		
books		
a bus		
research		
a taxi		
cars		

c. Je rédige 6 phrases complètes pour décrire les métiers que j'ai trouvés.

____

____

____

____

____

____

Score : Excellent ☐ Bon ☐ Moyen ☐ Mauvais ☐

Pour vérifier tes réponses, reporte-toi à la page 81.

3 Prononciation

Travail à deux. Chacun entoure la syllabe accentuée. Chacun lit les mots à haute voix à tour de rôle. Mettez-vous d'accord sur la bonne accentuation.

researcher *hospital* *engineer* *theatre* *garage* *office*

Score : Excellent ☐ Bon ☐ Moyen ☐ Mauvais ☐

4 Grammaire

Les quatre points essentiels de grammaire vus dans le chapitre 5 sont :

1. la 3e personne sing. présent simple **4.** l'emploi de *a/an* **2.** le génitif

3. *'s* = *'s* du génitif ? *'s* de la contraction de *is* ? *'s* de la contraction de *has* ?

Je donne un exemple pour illustrer chaque point. J'échange avec mon voisin.

1. ______________________________

2. ______________________________

3. ______________________________

4. ______________________________

Score : Excellent ☐ Bon ☐ Moyen ☐ Mauvais ☐

CHAPTER 6

WHAT PEOPLE DO

Words, words, words

A DAY IN MY LIFE (manuel pp. 94-95)

Words you know

1. Fais appel à tes connaissances. Note les mots et expressions que tu connais déjà et rédige une ou deux phrases.

____

____

New words

3. Écris les actions qui correspondent aux images.

In the morning and in the afternoon

1 ______________

2 ______________

3 ______________

4 ______________

5 ______________

6 ______________

7 ______________

8 ______________

9 ______________

10 ______________

In the evening and at night

11  12  13  14 

______ ______ ______ ______

4. a. Quelle heure est-il ? Écoute et répète puis complète.

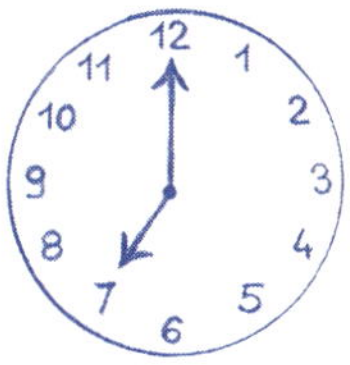 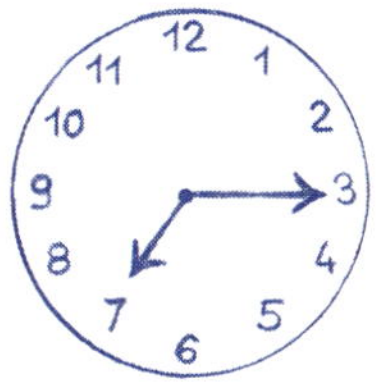 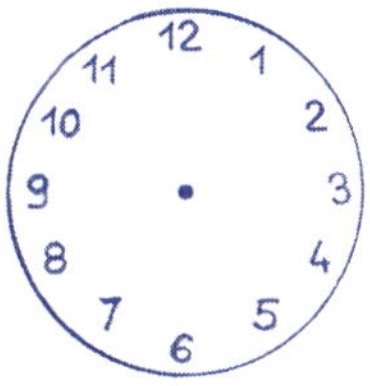 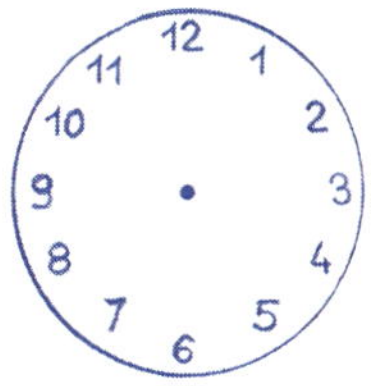

1. It's 7 o'clock. **2.** It's quarter past 7. **3.** It's half past 11. **4.** It's quarter to 3.

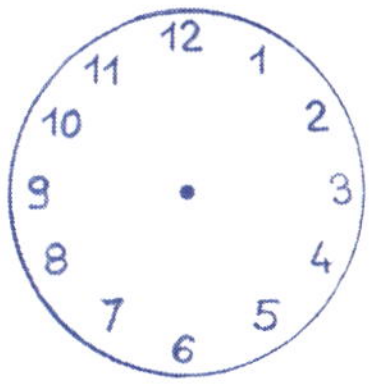 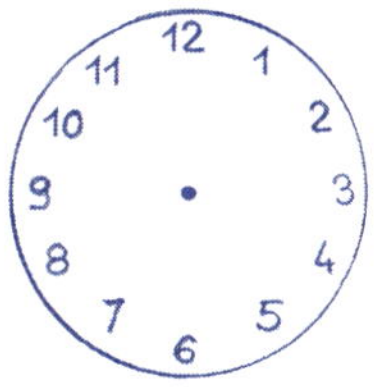 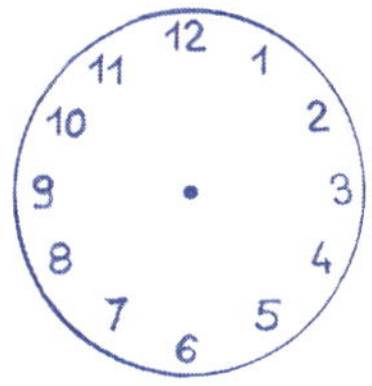

5. ______ **6.** ______ **7.** ______

b. Lis l'heure à haute voix puis écris-la.

  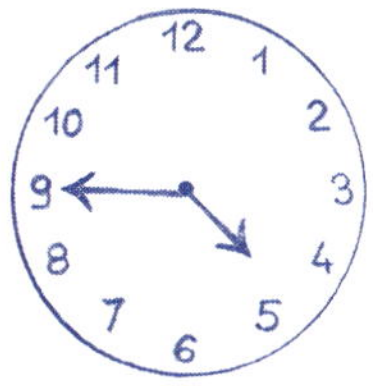 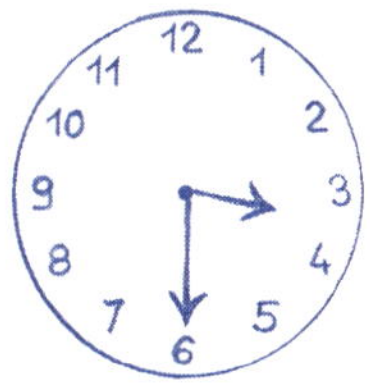

______ ______ ______ ______

7. Raconte ta journée par écrit.

Before school ______

At school ______

After school ______

______

Work on words

8. a. Combine les mots. Associe le verbe à une particule lorsque cela est possible.

off up on

1. *get* ______ *get* ______ *the bus* *get* ______ *the bus*

2. *switch* ______ *the light* *switch* ______ *the light*

3. *wake* ______

b. Quels noms compléments peut-on utiliser avec les verbes *have, go, go to, walk* ?

have ______________ *have* ______________ *have* ______________

have ______________ *have* ______________

go ______________ *go to* ______________ *go to* ______________

go to ______________ *walk* ______________

9. Écris la phrase la plus longue possible avec les mots *dog, bed* et *light*.

____

____

The sound of English

10. Écoute et marque les liaisons entre les mots.

1. When I come home, I have a glass of milk and an apple.
2. The film begins at eight. 3. Switch on the light, please.
4. We have an art class this afternoon.

11. Lis les mots silencieusement et entoure la syllabe accentuée.

breakfast shower bedtime homework afternoon

12. Dictée. Écris sous la dictée puis marque les liaisons.

____

____

Lesson 1 **Listen and act**

INTERVIEWING A BEEFEATER (manuel p. 96)

Look, listen and understand!

2. Vrai ou faux. Coche la bonne réponse.

	vrai	faux
1. Rafi is at the Tower of London for his school magazine.	☐	☐
2. The beefeater doesn't want to answer his questions.	☐	☐
3. The beefeaters feed the ravens every Sunday.	☐	☐
4. The beefeaters live in the Tower.	☐	☐
5. The Tower is a scary place at night.	☐	☐
6. The beefeaters inspect the Tower every morning.	☐	☐

• **Rétablis la vérité dans le cas où la réponse est fausse.**

____

____

always, often, sometimes, never

3 - Écoute et complète le dialogue avec les adverbes de fréquence.

always | often | sometimes | never

RAFI: Do the tourists ask you a lot of questions?

BEEFEATER: Yes, they do, and they ______________ ask the same questions!
They ______________ want to know about the ravens.

RAFI: Ah, yes! The ravens. How ______________ do you feed them?

BEEFEATER: We feed them every day and we ______________ forget.

RAFI: Where do you live?

BEEFEATER: We live in the Tower. It's a bit scary and I ______________ wake up in the middle of the night because there are strange noises.

• Traduis les adverbes de fréquence.

always ______________ *often* ______________

sometimes ______________ *never* ______________

• Observe ces phrases. Souligne les adverbes de fréquence.

They often ask the same questions. They always want to know about the ravens.
We never forget.

Conclusion

L'adverbe de fréquence se place ______________ le verbe lexical.

4 - Faites une enquête dans la classe. Interroge deux ou trois de tes camarades et note leurs réponses.

name ______________

	always	sometimes	often	never
wear jeans				
go to the cinema with a friend				
eat out with your family				
walk the dog				

name ______________

	always	sometimes	often	never
wear jeans				
go to the cinema with a friend				
eat out with your family				
walk the dog				

name ______________________

	always	sometimes	often	never
wear jeans				
go to the cinema with a friend				
eat out with your family				
walk the dog				

Act out a dialogue!

5- Écoute et trace la ligne intonative qui convient.

Boy: Where's Emma? It's half past eight!

Girl: I don't know. She's never late.

Boy: Here she comes! She's running fast!

Emma: I'm sorry! I'm here at last.

a.
b.
c.
d.

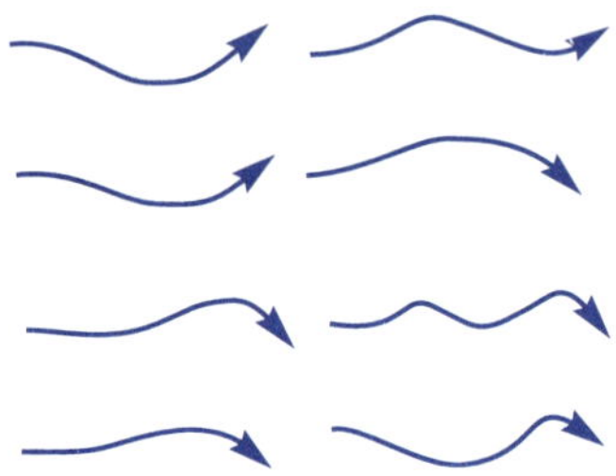

Lesson 2 Read and write

IMPRESSIONS OF MIDDLE SCHOOL (manuel p. 97)

Read and make sense!

2- Make sense of Carol and Chuck's essays.

1. Qu'y a-t-il de nouveau dans la vie de Carol et Chuck ? Quelle phrase le dit dans les deux devoirs ? ______________________

• **Qu'est-ce qui frappe le plus chacun d'eux ?**

	Carol	Chuck
Le rythme de travail		
Le fait d'avoir plusieurs professeurs		
Le repas de midi		
La vie après la classe		

2. Le devoir de Carol. Traduis en français :

It's always a bit of a rush. ______________________

• Recopie les deux phrases qui t'ont aidé à comprendre cette expression.

____

3. Le devoir de Chuck. Quelles matières étudie-t-il avec son *communications teacher*?

____

4. Trouve un mot de la même famille que *speak* et traduis-le : ______________

Write!

3. Rédige un paragraphe pour décrire ce que tu fais à l'école et après la classe.

____

____

____

____

Lesson 3 **Culture and language**

BREAKFAST WITH NESSIE (manuel p. 98)

Culture flash!

1. Écoute et coche les mots que tu entends.

- legend ☐ monster ☐ Loch Ness ☐
- name ☐ Bess ☐ Nessie ☐
- there is ☐ there are ☐ some ☐ many ☐ photos ☐ and ☐ but ☐ different ☐
- bizarre ☐ strange ☐
- many ☐ some ☐ think ☐ real ☐ plesiosaurus ☐ prehistoric ☐
- just ☐ Scottish ☐ Irish ☐ legend ☐
- Nessie ☐ attracts ☐ thousands ☐ millions ☐ tourists

Language

4. Compare ton petit déjeuner avec le petit déjeuner écossais du Loch Ness Clansman hotel.

Help
bread • butter • toast
jam • marmalade • fruit
hot chocolate

____

____

Lesson 4 **Listen and recap**

GUESTS FOR TEA (manuel p. 99)

Listen and think!

1. Écoute puis complète la liste des ingrédients nécessaires.

A chocolate cake recipe

ingredients	quantities
	grams
	grams
	pieces
flour	tablespoons

1. Complète et traduis la phrase de Luke.

For a chocolate cake, we need ______________________

____

______________________________________.

____

____

Que remarques-tu ? ______________________________________

2. Complète les questions de Poppy sur les quantités nécessaires.

How __________ *butter?* *How* __________ *sugar?* *How* __________ *chocolate?*

How __________ *eggs?*

Complète l'observation.

Peux-tu compter des œufs ? oui ☐ non ☐ Peux-tu compter du chocolat ? oui ☐ non ☐

Peux-tu compter des morceaux de chocolat ? oui ☐ non ☐

eggs est un nom dénombrable ☐ indénombrable ☐.

chocolate est un nom dénombrable ☐ indénombrable ☐.

Conclusion

Avec un nom dénombrable (au pluriel) on emploie __________.

Avec un nom indénombrable (toujours singulier) on emploie __________.

• Écoute et suis le texte des yeux. Puis lis-le à haute voix.

Luke: For a chocolate cake we need butter, sugar, chocolate and eggs.

Poppy: OK, let's start! How much butter do we need? And how much sugar?

Luke: 200 grams of butter and 200 grams of sugar.

Poppy: How much chocolate?

Luke: 200 grams. That's about ten pieces of chocolate.

Poppy: And how many eggs?

Luke: Four eggs. We don't need much flour. Only two or three tablespoons.

Listen and make sense!

2. Écoute ce que disent Mrs Benson, Poppy et Luke et complète la fiche.

Picture 1: Mrs Benson asks for Poppy et Luke's help.

She says : *Can you* ________ *and* ________ *me?*

Then she asks: ____________ *lay* ____________ *for* ________*?*

She explains: ____________ *guests* ____________

Poppy asks: ________________ *because she is* ________________ .

The guests are: ____

The visitor is not from England. *She* ________________________

The visitor speaks two languages: ______________ *and Punjabi.*

Luke thinks it 's normal ☐ fantastic ☐.

Picture 2: Rafi introduces his guest. He says: ____________________________

Poppy welcomes the guest. She says: *Hello* ______________________

Mrs Benson welcomes the guest. She says: ______________________

- Poppy asks Rafi about school ☐ about his plans for tomorrow ☐.
- Rafi wants to take Nargis to Big Ben ☐ The London Eye ☐ Buckingham Palace ☐.
- Poppy wants to go with them ☐ doesn't want to go with them ☐.

Recap!

3. Résume le dialogue entre Mrs Benson, Luke, Poppy et Rafi et Rafi à l'aide des mots clé dans ton livre page 99.

____

____

____

Expressions. Traduis en français.

a. Can you lay the table? ________________________________

b. Nice to meet you! ________________________________

c. Any plans for tomorrow? ________________________________

4. Cherche des informations sur le Pakistan : situation géographique, capitale, population, langues parlées et écris un court paragraphe sur ce pays.

____

____

____

Use your skills

MEET THE GANG (manuel pp. 100-101)

2- Réponds au quizz sur les *Peanuts*.

- Who is all white and has got long ears? ______
- Who's got dark hair and a blue dress? ______
- Who's got a round face and a black and yellow T-shirt? ______
- Who's yellow and very small? ______
- Who plays the piano? ______

5- Relève les adjectifs et expressions qui décrivent le caractère des personnages.

- Charlie Brown: ______
- Snoopy: ______
- Linus: ______
- Schroeder: ______
- Lucy: ______
- Franklin: ______
- Peppermint Patty: ______
- Marcie: ______

- **Décris ton caractère avec les adjectifs que tu as repérés.** Utilise des adverbes comme *very, not very, extremely, really, not really.*

______

______

Dis ce que tu sais faire et ce que tu ne sais pas faire.

______

______

Dis ce que tu fais toujours, souvent, parfois ou ce que tu ne fais jamais.

______

______

Organise tes phrases en un paragraphe. Pense à utiliser *and* et *but*.

______

______

______

______

The WAY they live

(manuel pp. 104-105)

Robin from Hampshire

1. Photos et textes B et E. Note ce qui est dit sur Robin et sa famille.

- *Robin's age:* ____________________
- *His father's job:* ____________________
- *His sister's name:* ____________ • *Robin's parents:* ____________
- *Who lives where:* ____________________

____

2. Photo et texte B.

The most important animals are ____________

They produce ____________ *and* ____________

3. Photo et texte D. Que vois-tu ? Qu'en penses-tu ?

____

4. Photo et texte C. Qu'est-ce que Robin doit faire chaque jour ?

____

____

Qu'en penses-tu ? ____________________

5. Photo et texte C. Quel temps fait-il dans le Hampshire ?

____

6. Textes A et G. De quels animaux parle-t-on ? ____________________

____

Qu'apprend-on sur les collies ? ____________________

____

7. Texte F. Trouve un synonyme de *affectionate.* Rédige une ou deux phrases sur Blackie.

____

____

8. Écris une phrase sur toi-même sur le modèle du texte A.

____

____

Mesure tes progrès

1 Expression

Je peux maintenant…

1. parler de ma vie quotidienne
2. dire ce que je fais toujours, souvent, parfois et jamais
3. interroger quelqu'un sur son métier
4. parler du breakfast en Grande-Bretagne

… et je le prouve en rédigeant pour chaque point un énoncé affirmatif et une question.

1. ______________________ ______________________

______________________ ______________________

2. ______________________ ______________________

______________________ ______________________

3. ______________________ ______________________

______________________ ______________________

4. ______________________ ______________________

______________________ ______________________

Score : Excellent ☐ Bon ☐ Moyen ☐ Mauvais ☐

Pour vérifier tes énoncés, relis les bulles des pages 95, 96 et 98.

2 Lexique

a. J'ai retenu les mots nouveaux de la leçon *A day in my life*. Je retrouve 11 expressions pour parler de ma routine quotidienne.

Before breakfast: **1.** ________ **2.** ________ **3.** ________ **4.** ________

After breakfast: **1.** ________ **2.** ________ **3.** ________

In the evening : **1.** ________ **2.** ________ **3.** ________ **4.** ________

b. J'utilise la forme verbale qui convient dans ces cinq questions.

1. *How often ________ your teeth?*

2. *Do you ________ the dog after school.*

3. *When ________ a shower?*

4. *What time ________ dinner?*

5. *When ________ TV?*

c. J'emploie la particule qui convient avec ces verbes.

1. *get ________ the car* **2.** *switch ________ the light* **3.** *get ________ the bus*

4. *switch ________ the light* **5.** *wake ________ at 6*

Score : Excellent ☐ Bon ☐ Moyen ☐ Mauvais ☐

Pour vérifier l'orthographe, utilise ton lexique ou vérifie avec ton voisin.

3 Grammaire

Les trois points de grammaire essentiels étudiés dans le chapitre 6 sont :

1. les adverbes de fréquence
2. les *Wh/H questions* pour interroger sur la fréquence, le moment et la date, l'heure, la quantité et le nombre
3. l'article zéro

Je donne un exemple pour illustrer chaque point. je vérifie avec mon voisin.

1. ______________________________

2. ______________________________

____

____

3. ______________________________

Score : Excellent ☐ Bon ☐ Moyen ☐ Mauvais ☐

4 Correction d'erreurs

Anna a fait des erreurs.
Je les corrige en rouge.

J'ai trouvé ________ erreurs.

Score : Excellent ☐ Bon ☐ Moyen ☐ Mauvais ☐

Name : Anna
Rafi go often to the cinema.
How many money do you got?
What do you have for the breakfast the Sundays?

5 Préparer un contrôle

Travaillez par groupe de 3 et préparez vous-même votre prochain contrôle. Chaque groupe choisit le point de grammaire qui l'intéresse et invente un exercice de 5 items pour ce point.

1. le présent simple
2. les adverbes de fréquence
3. les *Wh/H questions*
4. l'article zéro
5. *How much? How many?*

Connaître mes points faibles, c'est déjà faire des progrès.

Ma plus grosse difficulté en classe d'anglais : ______________________________

____

Quand je travaille seul(e) : ______________________________

____

CHAPTER 7

FUNNY HOUSES

Words, words, words

HOME SWEET HOME (manuel pp. 108-109)

Words you know

1. Fais appel à tes connaissances. Note les mots et expressions que tu connais déjà et rédige à propos du dessin deux ou trois phrases que tu proposeras à la classe.

____

____

____

New Words

2. b. Quelle lettre sur le dessin correspond à chaque mot ?

- back garden ◯
- bath ◯
- bathroom ◯
- bedroom ◯
- breakfast area ◯
- dining-room ◯
- downstairs toilet ◯
- front garden ◯
- garage ◯
- hall ◯
- kitchen ◯
- living-room ◯
- shower ◯

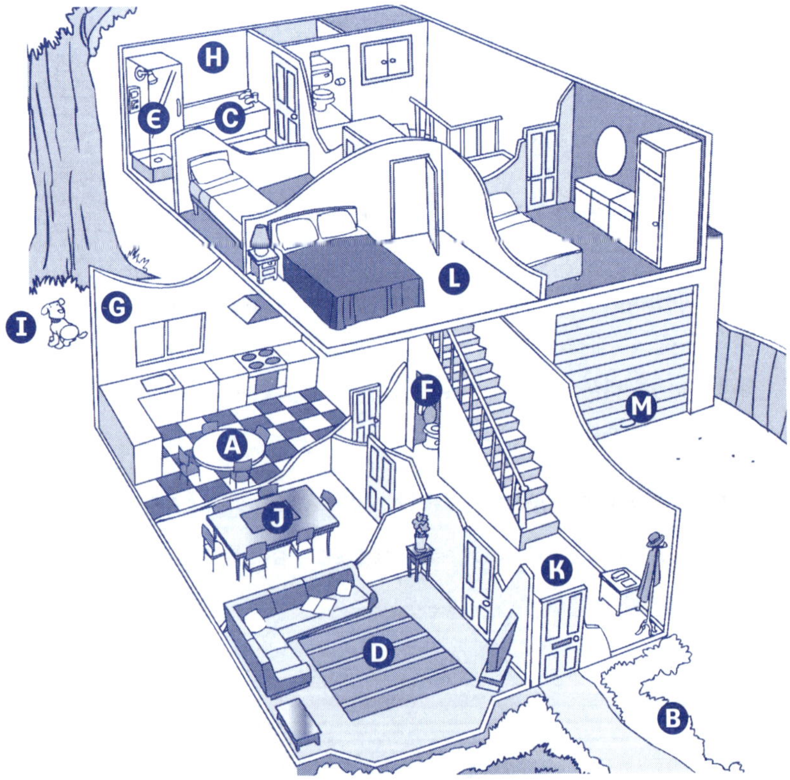

Work on words!

3. Trouve les pièces qui correspondent aux définitions.

1. There's a bed in it. *It's a* ____________________
2. The family lives in it. *It's the* ____________________
3. You have dinner there. *It's the* ____________________
4. There's a bath or a shower in it. *It's a* ____________________
5. What about the room where you study at school? *It's a* ____________________

5. a. Associe ces activités aux différentes pièces de la maison.

watch TV • get dressed • listen to music • read • relax • have breakfast • cook dinner
do my homework • have dinner • play video games • have a shower

bedroom ____________________

living-room ____________________

kitchen ____________________

bathroom ____________________

b. Utilise le vocabulaire des pièces et des activités dans des phrases complètes. Ajoute les adverbes de fréquence qui conviennent (*always, sometimes, often, never*).

____

____

____

____

8. Dessine le plan de chez toi et indique le nom des pièces.

• **Reprends le plan que tu as dessiné et rédige un paragraphe sur l'endroit où tu habites. Tu peux inventer.**

____

____

____

The sound of English

9. a. Entoure la syllabe accentuée des mots suivants.

bedroom bathroom living-room dining-room

classroom toilet garage

b. Coche ce que tu entends, [ð] ou [θ].

	three	bathroom	there	this	teeth	theatre	that	Thursday	thirty	father
[ð]										
[θ]										

10. Dictée.

____

____

Lesson 1 **Listen and act**

HOBBITS (manuel p. 110)

Look, listen and understand!

2. a. Écoute et complète.

Place: Rafi and Poppy are at home ☐ at the local library ☐.

Rafi's questions: *Rafi asks Poppy questions about* ______________.

Lewis Carroll ☐ Tolkien ☐ created them.

Hobbits are real people. Yes. ☐ No. ☐

b. Dans quelles phrases Poppy introduit-elle une comparaison ? Coche la bonne case.

	comparaison	pas de comparaison
1. Hobbits are very short.		
2. They're much shorter than humans.		
3. They've got bigger feet and fatter stomachs.		
4. They're greedy.		
5. They're greedier than you and me.		
6. They're a bit lazy.		
7. They're lazier than me.		
8. They live longer than humans.		
9. They live in holes near the forest.		
10. They're nicer than you.		

• Les Hobbits sont-ils différents des êtres humains ? Oui. ☐ Non. ☐

nicer, fatter, greedier...

3- a. Écoute et complète le dialogue.

Poppy: They're very short, much ________________ humans. They've got ________ feet and they've got ____________ stomachs. They're greedy ________________ ________ you and me. They live ________________________ humans.

• Observe et complète.

À quoi sert la phrase « Hobbits are greedier than you and me » ?

Elle sert à ________________ les ________________ et les ________________.

Souligne le premier élément de la comparaison en bleu et le deuxième en rouge.

• Dans la phrase : «*They've got bigger feet and fatter stomachs.*», le second élément est sous-entendu. Quel est ce second élément ? ____________

• Quelles remarques peux-tu faire concernant les changements orthographiques pour les adjectifs suivants ?

• *big —> bigger* • *fat —> fatter* ____

____

• *greedy —> greedier* • *lazy —> lazier* ____

____

• *nice —> nicer* ____

____

____

• **Écris deux énoncés contenant des comparaisons.**

____

____

____

____

Act out a dialogue!

5. Choisis la ligne intonative qui correspond aux énoncés suivants.

Boy 1: Who's got longer hair?

Sarah or Claire?

Girl 1: Claire, I think.

And who's got a bigger nose?

Phil or Rose?

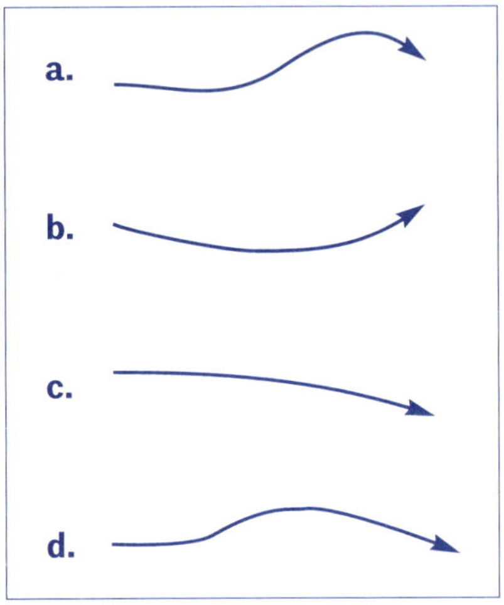

Lesson 2 **Read and write**

LIVING ON A BOAT IN BIRMINGHAM

(manuel p. 111)

Read and make sense!

2. Read and make sense of the questions.

1. *Ce site a été créé pour* ______________________________

2. *Il a été créé par* ______________________________.

3. *Dans la question n° 5, le pronom « one » remplace* ______________________.

Dans la question n° 6, le pronom « it » remplace ______________________.

4. *« delivered » signifie* ______________________.

3- Note dans la colonne de droite de l'écran les réponses aux questions.

Robert Laws's FAQ aboard the English Narrowboat 'St.Kilda' in Cambridge

http://www.cam.net.uk/home/StKilda/boat_faq.html#Q1

Interactive ...ture dot Org | Etienne Mineur archives | .Mac | eBay France | List of Artists | Yahoo! | Informations | Apple France | Lezilus

Robert Laws's FAQ aboard ...

Frequently asked questions about living on a boat:	Answers
1. Isn't it cold and damp in the winter?	*D*
2. How many people live on boats in Britain?	____
3. Is it quiet and peaceful?	____
4. What does a boat cost?	____
5. How do you buy one?	____
6. Is it easy to steer?	____
7. How fast does it go?	____
8. Where do you get your post delivered?	____
9. How do you connect to the Internet from a boat?	____

A. It depends. Prices vary a lot. £50,000 for a new boat. £20,000 to £30,000 for other boats.

B. Well, yes.

C. About 15,000 people live on boats in Britain.

D. No, it isn't. It's warm and comfortable inside.

E. It depends on the weather. If there's no wind, then it's very simple.

F. Slowly.

G. I have the post delivered to my workplace.

H. I have a PC connected to a mobile phone.

I. In specialist magazines.

Write about funny places!

4- Choisis un lieu d'habitation original (château, hutte, grotte, etc.). Rédige quelques questions qu'on pourrait se poser sur ce lieu.

Place: ____________________

____

____

____

____

BIRMINGHAM (manuel p. 112)

Culture flash!

1. Écoute ce qu'on dit sur Birmingham et complète.

1. Tolkien lived in Birmingham. Yes. ☐ No. ☐

2. Near Birmingham, there is a beautiful city ☐ the Hobbits' forest ☐.

3. In the name Birmingham:

– "ham" is what you put in your sandwiches ☐

– "ham" corresponds to an old English word for "village" or "home" ☐.

• **Coche le nom des villes qui correspondent à l'information entendue**

London ☐ Edinburgh ☐

Durham ☐ Liverpool ☐

Nottingham ☐

2. b. Écoute et complète la carte avec les pictogrammes qui conviennent.

KEY

= public toilets

= pubs

= boats

P = car parks

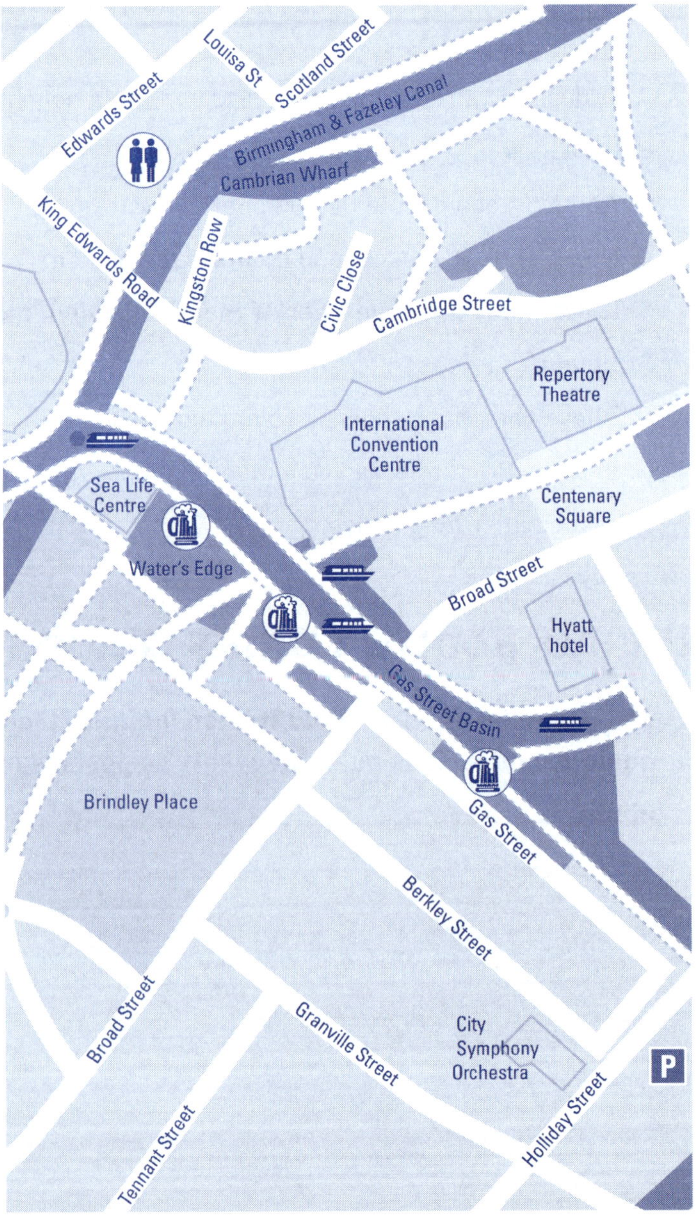

Lesson 4 **Listen and recap**

LAURA'S BIRTHDAY (manuel p. 113)

Listen and think!

1. Écoute et complète la grille.

1. Mrs Benson suggère d'inviter des personnes à l'anniversaire de Laura.

Quel nom mentionne-t-elle ? *What about* ______________________?

• Laura répond : *Oh no, not* ______________

Dans la réponse de Laura, *him* remplace ______________________

Dans l'énoncé de Laura : «*I don't want to invite him*», « *him* » est :

sujet ☐ complément ☐ singulier ☐ pluriel ☐ masculin ☐ féminin ☐

2. Complète la 1re question de Laura.

Can I invite ______________ ? *I really like* ______________.

Laura emploie le pronom « her » pour remplacer ______________

Dans sa phrase, « *her* » est :

sujet ☐ complément ☐ singulier ☐ pluriel ☐ masculin ☐ féminin ☐

3. Complète la 2e question de Laura.

What about ____________ *and* ____________?

• Mrs Benson répond par une autre question. Complète-la.

Do we know __________?

Mrs Benson emploie le pronom __________ *pour remplacer* __________

Le pronom ______________ *est :*

sujet ☐ complément ☐ singulier ☐ pluriel ☐

• Lis le dialogue à deux voix.

Mrs Benson: Who do you want to invite, dear? What about Peter?

Laura: Oh no, not him! Can I invite Sally? I really like her.

Mrs Benson: Of course you can. You can invite four friends.

Laura: That's really nice of you, Mum. What about Susan and Tom?

Mrs Benson: Do we know them?

Laura: Of course you do, Dad thinks Susan is very nice.

Mrs Benson: OK then. Let's not forget Luke, Poppy and Rafi too.

• **Complète.**

Laura wants to invite Sally because she really likes ____________ but she doesn't want to invite Peter because she doesn't like ____________ at all. Laura wants to invite Susan and Tom too. Mrs Benson doesn't know ____________ but Mr Benson knows Susan. He thinks ____________ 's nice.

Listen and make sense!

2. Écoute et complète la fiche.

1. Time It's Saturday afternoon. ☐ It's Sunday afternoon. ☐

2. Place The Bensons are at home ☐ on a river boat ☐.

3. The guide says: The weather's lovely. ☐ The weather's terrible. ☐

4. Laura's birthday: *She is* ________________________________

5. On their right: The tourists can see: a factory ☐ a school ☐ cars ☐ a pub ☐.
The tourists are excited ☐ bored ☐.

6. On their left: There's a town ☐ a village ☐ a church ☐.
There are new ☐ old houses ☐.
There are donkeys. ☐ There are horses. ☐

7. Mrs Benson: She asks the guide : *Can you* ________________________?
She ________________ *have a picture of the family.*

• **Guide's answer:** ________________________

8. Everybody is happy ☐ surprised ☐ disappointed ☐.

Expressions. Donne l'équivalent français de :

Welcome aboard! ________________________

Say cheeeese! ________________________

Recap!

3. Résume le dialogue à l'aide des mots clé dans le manuel page 113.

____

____

____

4. Écris un paragraphe pour dire comment tu fêtes ton anniversaire.

____

____

____

DIFFERENT PEOPLE, DIFFERENT HOMES

(manuel pp. 114-115)

2. b. Compose une annonce pour vendre une maison. Inspire-toi du modèle proposé dans ton manuel page 114.

Property for sale

1. Price: ______ 2. Name of the street: ______

3. Type of street – quiet or busy? ______ 4. Total number of rooms: ______

5. Room description: *large/small kitchen with…* ______

______

6. Garden? ______ 7. Garage? ______

8. Location: ______ 9. Telephone number: ______

c. Pose à ton voisin des questions correspondant aux rubriques 1 à 9 ci-dessus pour avoir des renseignements sur son annonce. Note ses réponses brièvement.

1. ______ ______
2. ______ ______
3. ______ ______
4. ______ ______
5. ______ ______
   ______ ______
6. ______ ______
7. ______ ______
8. ______ ______
9. ______ ______

4. b. Lis le texte sur Buckingham Palace et prépare une série de questions (*Wh/H questions* et *Yes/No questions*) pour voir ce que la classe a retenu.

1. ______
2. ______
3. ______
4. ______
5. ______
6. ______

5- a. Écoute et remets les images dans l'ordre, puis complète.

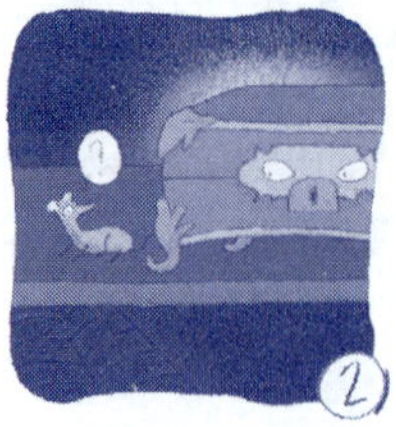

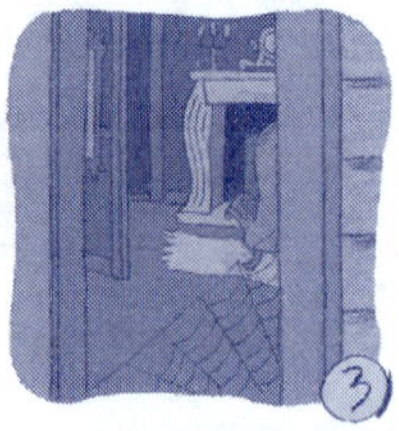

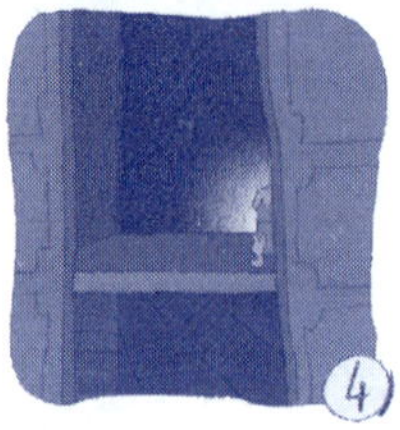

- N° 5 comes first.
- N° ______ comes second.
- N° ______ comes ______________.
- N° ______ comes ______________.
- N° ______ comes last.

Comment le poème est-il construit ?

On part du plus ______________________ pour aller vers le plus ____________________.

7- Écris un poème à la manière de *In a dark wood* en t'aidant des suggestions.

a flat	a kitchen	a fridge	a shelf	a piece of cheese	a MOUSE

Tu peux aussi proposer ton propre emboîtement.

The FILM they all saw (manuel pp. 118-119)

Harry Potter

6. Act out a scene

Pour jouer une scène de façon vivante, tous les acteurs doivent connaître la totalité du texte, et doivent surtout être capable de dire leur réplique exactement à la fin de la précédente. Pour t'aider dans ce travail de mémorisation, complète les deux scènes sans regarder le texte.

Scène 1. Picture 2.

Dudley, Uncle Vernon, Aunt Petunia, *together:* What's happening? What's going on? ________

Dudley: Mummy! Mummy! Help! I'm scared! ________________________

Aunt Petunia: Don't look, my darling. Vernon! Vernon! ________________________

Uncle Vernon: Get off that sofa immediately, Harry! ________________________

Harry, *jumping up and down on the sofa:* Happy birthday to you! Happy birthday to you! Happy birthday, dear Harry! ____

Dudley, Uncle Vernon, Aunt Petunia, *together:* Shut up, Harry! Please ________________

Scène 2. Picture 3.

Harry, *very polite:* Excuse me, please. Could you tell me where ________________

________________________?

Guard, *friendly and amused:* ____

Harry: Well, er…

Guard, *firmly:* There is no platform 9 and 3/4. There is a platform 8 and there's a platform 9 and ________________________.

Harry: But…

Guard, *still friendly and curious:* And what's this bird ________________________?

Harry: It's ________________________.

Guard: An owl? ________________

Harry: It delivers my mail, ____________.

Guard, *a bit shaken but still friendly:* ________________________________

Young man, you're pulling my leg! Run and get your train. It's probably on platform 9!

Mesure tes progrès

1 Expression

Je peux maintenant...

1. décrire le lieu dans lequel j'habite

2. comparer deux personnes ou deux choses

3. demander et indiquer un chemin

... et je le prouve en rédigeant pour chaque point un énoncé affirmatif et, pour le dernier point, une question.

1. ______________________________

2. ______________________________

3. ______________________________

____

Score : Excellent ☐ Bon ☐ Moyen ☐ Mauvais ☐

Pour vérifier tes énoncés, relis les bulles des pages 109, 110, 112 de ton manuel.

2 Lexique

Je sais nommer toutes les pièces de la maison :

1. ____________ 3. ____________ 5. ____________

2. ____________ 4. ____________ 6. ____________

Je sais décrire le mobilier de ma chambre (3 items) :

In my ______________________________.

Score : Excellent ☐ Bon ☐ Moyen ☐ Mauvais ☐

Pour vérifier l'orthographe, utilise ton lexique ou vérifie avec ton voisin.

3 Prononciation

Travail à deux. Chacun entoure la syllabe accentuée. Puis lisez ces mots à haute voix à tour de rôle. Mettez-vous d'accord sur la bonne accentuation.

toilet garage bedroom living-room dining-room

Te souviens-tu de la place de l'accent de mot dans les noms composés ? ____________

____

Score : Excellent ☐ Bon ☐ Moyen ☐ Mauvais ☐

4 Grammaire

Les trois points essentiels de grammaire vus dans le chapitre 7 sont :

1. les pronoms compléments

2. le comparatif de supériorité

3. le déterminant *the*

Je donne un exemple pour illustrer chaque point. Je vérifie avec un(e) camarade.

1. ____________________

2. ____________________

3. ____________________

Score : Excellent ☐ Bon ☐ Moyen ☐ Mauvais ☐

5 Correction d'erreurs

Anna a fait des erreurs.
Je les corrige en rouge.

Name : Anna

Poppy know a lot about Hobbits.
She realy love its. Hobbits are
eat a lot. They are greedyer
than humans.

J'ai trouvé ______ erreurs.

Score : Excellent ☐ Bon ☐ Moyen ☐ Mauvais ☐

6 Préparer un contrôle

Travaillez par groupe de 3 et préparez vous-même votre prochain contrôle.
Chaque groupe choisit le point de grammaire qui l'intéresse et invente un exercice de 5 items pour ce point.

1. les pronoms compléments

2. le comparatif de supériorité

3. *there is/there are* (en révision)

Connaître mes points faibles, c'est déjà faire des progrès.

Ma plus grosse difficulté en classe d'anglais : ____________________

____

Quand je travaille seul(e) : ____________________

____

CHAPTER 8 SPORTS

Words, words, words

AT THE SEASIDE (manuel pp. 122-123)

Words you know

1. Fais appel à tes connaissances. Note les mots et expressions que tu connais déjà et rédige à propos du dessin deux ou trois phrases que tu proposeras à la classe.

____

____

____

New words

3. Écris les verbes d'action qui correspondent au dessin.

1. ______________________
2. ______________________
3. ______________________
4. ______________________
5. ______________________
6. ______________________
7. ______________________
8. ______________________
9. ______________________

4. Compare l'enregistrement et le dessin. Coche les activités qui ne sont pas représentées dans le dessin.

run ☐ play football ☐ swim ☐

play volleyball ☐ ride a horse ☐

Work on words!

6. a. Complète la grille. Quelles modifications remarques-tu sur l'orthographe de V + *-er* ou *-ing* ?

verbs	*surf*	*dance*	*dive*	*ride*	*run*	*sail*	*swim*
nouns	*surfer*		*diver*	*rider*		*sailor*	*swimmer*
activities		*dancing*			*running*		

• Lequel de ces mots a un suffixe légèrement différent ? ______________________

Cite d'autre(s) mot(s) ayant le même suffixe. ______________________

7. Quel est le nom de ces jeux de ballon ou de balle ?

1. ______________________

2. ______________________

3. ______________________

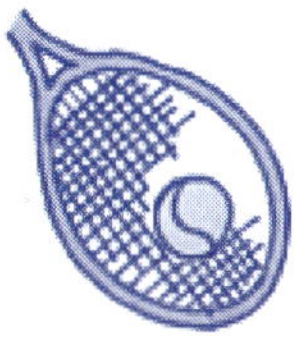

4. ______________________

5. ______________________

6. ______________________

7. ______________________

8. ______________________

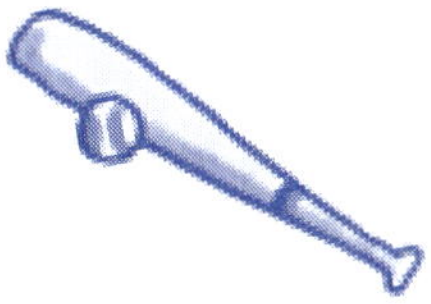

9. ______________________

Trouve un critère de classement et classe-les : jeux qui contiennent le mot *ball* ou non, qui se jouent avec une raquette, avec une batte, qui se jouent seul ou en équipe, etc.

Critère choisi : ______________________

____

____

____

____

The sound of English

8. a. Coche la prononciation de *can* que tu entends.

	1.	2.	3.	4.	5.	6.	7.	8.
[kən]								
[kæn]								
[kɑːnt]								

b. Lis ces mots silencieusement et classe-les selon le son de la voyelle.

ride • swim • dive • six • like • sit

[ɪ]			
[aɪ]			

9. Dictée.

____

____

Lesson 1 **Listen and act**

CAN I GO CAMPING? (manuel p. 124)

Look, listen and understand!

2. Écoute et coche la bonne réponse.

1. Luke asks his father if he can go swimming ☐ go camping ☐.

2. Mr Benson's answer is positive ☐ negative ☐.

3. Mr Benson says Luke must:

tidy his room ☐ practise his guitar ☐ revise his maths ☐.

4. Luke suggests he can

– tidy his room now ☐ on Sunday evening ☐.

– revise his maths tonight ☐ during the weekend ☐.

Can, can't; must, mustn't

3 - a. Écoute et complète le dialogue avec les formes correctes.

can • can't • must • mustn't

LUKE: ______ I go camping this weekend with Greg and his parents, Dad?

MR BENSON: Sorry, Luke, you ______. You ______ tidy your room this weekend and you ______ forget your maths test on Monday morning. You ______ revise your maths.

LUKE: But Dad, we ______ be back home by Sunday afternoon. And I ______ tidy my room on Sunday evening.

MR BENSON: What about your maths test?

LUKE: I ______ revise it tonight. And I ______ work with Greg during the weekend.

b. Classify the actions.

• Observe.

1. Can I go camping? 2. We can be back home by Sunday. 3. I can tidy my room. 4. I can revise tonight. 5. I can work with Greg. 6. You must tidy your room. 7. You must revise your maths. 8. You mustn't forget your maths.

• Recopie la phrase dans laquelle Luke demande une permission.

______

• Recopie les phrases dans lesquelles Luke dit ce qu'il se sent capable de faire.

______

______

• Recopie celles dans lesquelles Mr Benson donne un ordre (positif ou négatif) à Luke.

______

______

• Classe les 8 phrases en notant leur numéro dans la bonne case.

permission	possibilité	obligation

• Réfléchis et complète. Souligne dans les phrases les mots qui suivent *can* et *must*.

Conclusion

« can/can't/must/mustn't » s'emploient avec un ______

• Traduis ces phrases, en respectant la différence de sens entre *can* et *must*.

You must revise your maths. ______

I can revise tonight. ______

4- Rédige le règlement du camping.

Act out a dialogue!

5- Trace les trois lignes intonatives proposées dans l'encadré au-dessus des trois phrases correspondantes.

IAN: Excuse me.

Can you tell me the way to Wimbledon?

PASSER-BY: Well, you can't walk from here.

It's too far.

You can take the bus or the Tube.

IAN: Which bus?

PASSER-BY: You can take the number 97 or the number 23.

But it's faster by Tube.

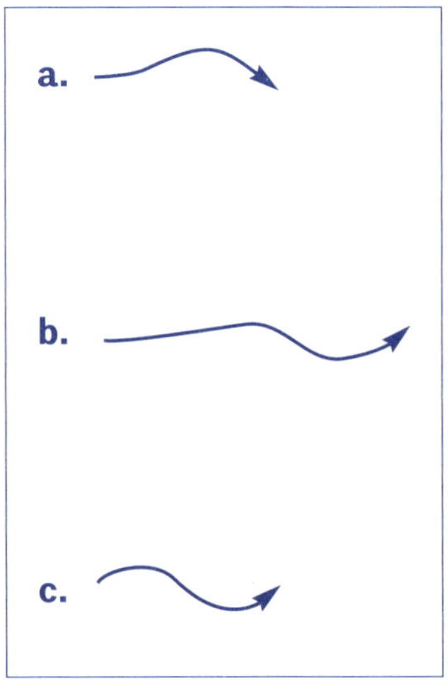

A FAMOUS FOOTBALLER (manuel p. 125)

Read and make sense!

2. Make sense of the interview.

1. À quelle occasion David Beckham est-il interviewé ? ______

• Que peut-il apporter aux plus jeunes ? ______

Par quelle phrase l'exprime-t-il ? ______

______

2. Quelle ambition a-t-il encore ? Écris ce qu'il dit. ______

______

3. Comment traduirais-tu *peak* ? pic ☐ sommet ☐ maximum ☐

• Que représente « *they* » dans « *They are all very good* » ? ______

4. Quelle est l'autre activité de Beckham ?

He is a footballer and ______

Dans quelle phrase Beckham dit-il que le football est ce qu'il y a de plus important pour lui ?

______

Write!

3. Cherche des renseignements sur ton champion préféré. Commence par noter son nom, son âge, sa nationalité, le sport pratiqué, le nom de son club, etc. Colle sa photo et rédige un paragraphe pour le présenter.

Name : ______

RUGBY (manuel p. 126)

Culture flash!

1. Écoute et note les chiffres et les dates.

Number of British public schools: ____________

A year at Rugby school costs more than ____________

Rugby school was founded in ____________

A student invented rugby football in ____________

- Comment traduirais-tu *boarding schools* ? ____________
- Une *public school* est une école d'état ? ☐ une école privée ? ☐

Language

Regarde la photo dans ton manuel pour les couleurs !

2. Que t'apprend la photo ?
Complète les phrases ci-dessous avec les mots proposés.

- beautiful • black
- blue • eight
- green • old
- shorts • summer
- three • trees
- rugby shirts
- white

1. *The school is a* ____________, ____________ *building.*

2. *I can see* ____________ *players in black* ____________ *and white* ____________.

3. *There are also* ____________ *players in* ____________ *shorts and* ____________ *rugby shirts.*

4. *It's* ____________, *the sky is* ____________ *and the* ____________ *are* ____________.

Relis plusieurs fois silencieusement les phrases complétées, puis décris la photo oralement à la classe. Tu peux ajouter d'autres détails.

3- La parole est aux experts en rugby.

• Un « expert » de la classe reproduit au tableau le schéma du terrain de rugby et écrit les mots *goalposts, goal line, touch line* à leur place, en expliquant ce qu'il fait.

• Un autre expert explique combien il y a de joueurs dans chaque équipe, et ce que les joueurs doivent faire *(must do)* ou peuvent faire *(can do)*.

This is the...

Help!

- pass the ball to another player of their team
- run with the ball
- carry the ball to the opposing team's goal line
- touch the ball down on the grass beyond the touch line
- kick the ball over the horizontal bar between the goalposts
- get a penalty kick
- break a rule
- score a try
- convert a try

• Quelles sont les deux principales différences entre le rugby et le football ?

Football : ______________________________

Rugby : ______________________________

Write!

4- Écris un paragraphe sur ton sport favori (principales règles, nombre de joueurs, équipement nécessaire, etc.).

____

____

____

____

____

____

____

____

Help!

- net = *filet*
- over the net
- hit the ball

Lesson 4 **Listen and recap**

THE JOYS OF CAMPING (manuel p. 127)

Listen and think!

1. Complète la fiche d'écoute.

1. Quel est le problème de Greg ? *He* ______________________

2. Quel mot entends-tu au début de la première de question de Greg ?

whose ☐ where ☐ what ☐

3. Écris la question de Greg. ______________________

4. Complète. *Whose* + nom + *be* permet de demander à qui ______________________

5. Qu'entends-tu dans la deuxième question de Greg ? Coche puis complète.

Are they yours ☐ your ☐ mine ☐ my ☐ ?

Are they your pyjamas? = *Are they* ______________________

Conclusion

« yours » et « mine » correspondent au français ______________________

Ce sont des pronoms ______________________

7. Lisez le dialogue à deux puis jouez la scène.

Greg: I can't find anything in here! This tent is too small!
Whose pyjamas are these? Are they yours or mine?

Luke: They're mine. Oh, no! They're Poppy's.

Greg: And whose socks are these?

Luke: I don't know. They're not mine.

Greg: Sorry, they're mine. And whose toothbrush is this?

Luke: Oh, be quiet and go to sleep!

Listen and make sense!

2. Écoute et complète la fiche.

1. Time: It's the middle of the night. ☐ It's the end of the night. ☐

2. Place: Greg and Luke are in their tent. ☐ Greg and Luke are in Islington. ☐

3. Greg says: Wake up! ☐ What's up? ☐ Greg is calm ☐ anxious ☐.

4. Luke says: Wake up! ☐ What's up? ☐

5. They can hear a noise. ☐ They can't hear any noise. ☐

6. Greg ☐ Luke ☐ opens the tent first.

7. Greg is brave. ☐ Greg isn't very brave. ☐

8. The surprise visitor is a hot dog ☐ a hedgehog ☐.

The boys are surprised ☐ *amused* ☐ *don't react* ☐ *because they see a* ____________

• Expressions

Traduis ces expressions en français.

1. What's up? ____________________________

2. Come on, you coward! ____________________________

3. Guess what! ____________________________

Recap!

3. Utilise les mots clés de ton manuel page 127 pour résumer le dialogue.

____

____

____

____

Use your skills

ALL SORTS OF GAMES (manuel pp. 128-129)

2. Fais appel à ta mémoire. Écris le nom des jeux dont il s'agit. Vérifie l'orthographe dans ton manuel et corrige si nécessaire.

____

____

____

____

____

4 - Avant de jouer à « Grandmother's trunk », prépare une liste de mots par ordre alphabétique.

____

____

____

____

____

____

____

____

____

6 - A game of buzz. Avant de jouer en groupe, entraîne-toi tout seul à voix basse.

Dans cette suite de nombres, il manque un nombre sur deux. Complète en remplaçant les nombres qui contiennent un 7 par « buzz » et les multiples de 7 par « buzz buzz ».

10 ___ 12 ___ *buzz buzz* ___ 16 ___

18 ___ 20 ___ 22 ___ 24 ___ 26

___ *buzz buzz* ___ 30 ___ 32 ___ 34 ___ 36 ___ 38

___ 40 ___ *buzz buzz* ___ 44 ___ 46 ___ 48 ___ 50

7 - *Coffeepot*. Avant de jouer, exerce-toi à trouver le verbe qui convient.

How often do you "coffeepot" your dog?

____

Can you "coffeepot" a bike?

____

Can you "coffeepot" a boat? ______________________________

How many eggs do you need to "coffeepot" a chocolate cake? ______________________________

Who is "coffeepotting" the race? ______________________________

A region they all love
THE LAKE DISTRICT IN CUMBRIA

(manuel pp. 132-133)

1. Écoute et complète le texte. Un mot sur sept a été enlevé.

The Lake District is a beautiful ______________ of lakes and mountains in the ______________ of Cumbria, north of Liverpool. It ________ known for its outdoor activities: camping, ______________, cycling, horseriding and so on. You ______________ also do water sports on the ______________.

2. Regarde attentivement les documents et les textes des pages 132 et 133 et reconstitue une page web.

www.visitcumbria.com Attractions in Cumbria
location
landscape
outdoor activities
places of interest
animal attractions
famous poet

• **Rédige un paragraphe pour vanter les charmes du *Lake District*.**

____

____

____

____

Mesure tes progrès

1 Expression

Je peux maintenant...

1. parler des sports que je pratique
2. écrire le règlement d'un camping
3. parler du rugby et/ou de mon sport préféré

... et je le prouve en rédigeant pour chaque point un énoncé affirmatif et une question.

énoncés affirmatifs	questions
1. ______	______
______	______
2. ______	______
______	______
3. ______	______
______	______

Score : Excellent ☐ Bon ☐ Moyen ☐ Mauvais ☐

Pour vérifier tes énoncés, relis les bulles des pages 123, 124 et 126.

2 Lexique

J'ai retenu les mots nouveaux de la leçon *At the seaside*. Je sais écrire le nom de 8 activités sportives et la base verbale qui correspond.

1. ______	______
2. ______	______
3. ______	______
4. ______	______
5. ______	______
6. ______	______
7. ______	______
8. ______	______

Score : Excellent ☐ Bon ☐ Moyen ☐ Mauvais ☐

3 Prononciation

a. Lis ces deux phrases à haute voix avec ton voisin/ta voisine. Comment prononcez-vous *can* dans chaque cas ? Entoure la bonne transcription phonétique.

Can you dive and scubadive? [kæn] [kən] *Yes, I can.* [kæn] [kən]

b. Trouve trois mots du vocabulaire sportif dont la voyelle « i » se prononce [aɪ].

______

Score : Excellent ☐ Bon ☐ Moyen ☐ Mauvais ☐

4 Grammaire

Les quatre points de grammaire essentiels étudiés dans le chapitre 6 sont :

1. *can/can't*
2. *must/mustn't*
3. *Whose... ?*
4. *mine/yours*

Je donne un exemple pour illustrer chaque point. Je vérifie avec un(e) camarade.

1. ______________________________
2. ______________________________
3. ______________________________
4. ______________________________

Score : Excellent ☐ Bon ☐ Moyen ☐ Mauvais ☐

5 Correction d'erreurs

Anna a fait des erreurs.
Je les corrige en rouge.

Name: Anna
Do Tim play football on Wednesday.
No, he don't because he must
make his homework, but he goes
at the swimming-pool with
her father the Saturdays.

J'ai trouvé
_______ erreurs.

Score : Excellent ☐ Bon ☐ Moyen ☐ Mauvais ☐

6 Préparer un contrôle

Travaillez par groupe de 3 et préparez vous-même votre prochain contrôle. Chaque groupe choisit le point de grammaire qui l'intéresse et invente un exercice de 5 items pour ce point.

1. *can/can't*
2. *must/mustn't*
3. *Whose... ?*
4. *mine/yours*

Observez les types d'exercices proposés dans ton manuel : *Grammar news*, pages 130-131. Remettez ensuite vos productions à votre professeur.

CHAPTER 9

PAST TIMES

Words, words, words

CHILDREN IN 19TH CENTURY BRITAIN

(manuel pp. 136-137)

Words you know

1. Fais appel à tes connaissances. Note les mots et expressions que tu connais déjà et rédige à propos du dessin deux ou trois phrases que tu proposeras à la classe.

____

____

____

New words

2. Écoute et complète la grille avec les verbes donnés.

- **Children at work**

worked	cleaned	climbed up	worked

In the 19th century, a lot of children ______________ *in coal mines or in factories.*

In cities they ______________ *chimneys and* ______________ *them.*

In the country, children ______________ *on farms.*

- **Children at play**

rode	made	listened	played	went	watched

In the 19th century, poor children often ______________ *in the street and* ______________ *to street musicians. They* ______________ *their own toys.*

At weekends, children from rich families ______________ *to the park and* ______________ *on donkeys or* ______________ *puppet shows.*

- **Children at school**

learned | wrote | repeated | didn't go | said

A long time ago, a lot of poor children ______________ *to school.*

The others ______________ *their lessons by heart and just* ______________

what the teacher ______________ *They* ______________ *with pens and ink.*

Work on words!

3. b. Écris le passé de ces verbes. Vérifie ensuite avec ton voisin.

1. climb ⟶ *climbed*
2. play ⟶ ______________
3. work ⟶ ______________
4. say ⟶ ______________
5. go ⟶ ______________
6. learn ⟶ ______________
7. write ⟶ ______________
8. clean ⟶ ______________
9. listen ⟶ ______________
10. make ⟶ ______________
11. repeat ⟶ ______________
12. ride ⟶ ______________
13. watch ⟶ ______________
14. do ⟶ ______________

- **Souligne les formes en *-ed* que tu viens d'écrire.**
- **Recopie les 5 verbes irréguliers et donne la base verbale.**

go ⟶ ______________ ______________ ⟶ ______________ ______________ ⟶ ______________

______________ ⟶ ______________ ______________ ⟶ ______________

7. Écris deux ou trois phrases sur ce que tu as fait le week-end dernier.

____

____

The sound of English

8. a. Écoute et coche le son final que tu entends.

	climbed	watched	learned	repeated	cleaned
[d]					
[t]					
[ɪd]					

	worked	played	invited	talked	tidied
[d]					
[t]					
[ɪd]					

b. Lis ces mots à voix basse et entoure la syllabe accentuée.

children chimney factory country
city family century donkey

9. Dictée.

____

____

Lesson 1 Listen and act

A BAD DREAM (manuel p. 138)

Look, listen and understand!

2. Écoute et coche la bonne réponse.

	vrai	faux	correction
1. Luke looks great this morning.	☐	☐	______
2. He didn't sleep well.	☐	☐	______
3. He had a beautiful dream.	☐	☐	______
4. Luke's dream was about the school band.	☐	☐	______
5. The band was in a dark living room.	☐	☐	______
6. There were boys and girls with nice faces.	☐	☐	______
7. Luke wasn't scared.	☐	☐	______
8. Then he woke up.	☐	☐	______

Was, were, had

3. b. Écoute et complète le dialogue avec les formes de *be* et *have* au passé.

Luke: I ______ a bad dream.

Mrs Benson: What ______ your dream about?

Luke: I ______ with the band. We ______ in a dark room. It ______ a concert hall and there ______ lots of boys and girls in the room. They ______ strange, scary faces.

• **Réfléchis et complète. Tu peux te reporter aux pages 144-145 de ton manuel.**

– *« had » est la forme passée de* ________________ *à toutes les personnes.*

– *« was/were » sont les formes passées de* ________________

– *« was » s'emploie au* ____________________________

– *« were » s'emploie au* ____________________________

5- Souviens-toi de quelqu'un qui t'a fait peur quand tu l'as rencontré. Décris-le en t'aidant de la trame proposée.

I remember that he/she (appearance: tall/short, big), *and he/she* (hair). *He/she* (clothes). *His/her eyes...* Conclude with your impressions.

____

____

____

____

Lesson 2 Read and write

THE KINGS! (manuel p. 139)

Read and make sense!

2- Make sense of Elvis's life.

1. Retrouve les formes du passé de ces verbes.

be —> ________________ come —> ________________ sell —> ________________

die —> ________________ give —> ________________ love —> ________________

make —> ________________ move —> ________________ record —> ________________

become —> ________________

2. Retrouve le pronom complément « him » dans le texte. *Il remplace* ____________________

• *Dans « It was a hit. », le pronom « It » remplace* ____________________

3. a. Traduis le verbe « *record* » que l'on voit sur du matériel hi-fi. ____________________

b. Quel nombre éclaire le sens du mot *hit* ? ____________________________

Traduis le mot *hit* : ____

c. Travaille sur les dates. Complète les phrases, puis lis-les à haute voix.

Elvis was 13 in ____________ In 1956, Elvis was ______________________ He recorded the famous song "Heartbreak Hotel" in _________. He died in 1977, ______________ years after his first film.

Write!

3. Écris un paragraphe sur la vie de Charlie Chaplin, « le Roi de la comédie ».
Utilise les données dans l'encadré et le passé des verbes : *be born, become, die, go* (x 2), *make, receive.*

Help!
- 16th April 1889 in London
- 1910 to America
- 1914 first film called "Making a Living"
- a star
- 1953 to Lausanne in Switzerland
- 1972 "an Oscar"
- 25th December 1977

____

____

____

Lesson 3 **Culture and language**

HOLLYWOOD STARS (manuel p. 140)

Culture Flash!

1. Écoute et reconstitue l'histoire d'Hollywood. Pour cela, associe un repère temporel (de 1 à 5) à un fait (de A à F).

1. A long time ago	**A.** Spanish explorers
2. At the end of the 16th century	**B.** part of Los Angeles in California
3. At the end of the 19th century	**C.** first film studio
4. In 1911	**D.** Native Americans (Indians)
5. Today	**E.** movie stars
	F. farmers

- **Résume l'histoire d'Hollywood.**

____

____

____

A LESSON ON SHAKESPEARE (manuel p. 141)

Listen and think!

1. Écoute et complète la fiche.

1. Quel est le premier mot de la question de Poppy ? ____________

Complète sa question : ______________________________________ *last night?*

Did est le passé de l'auxiliaire __________. *Did* s'emploie pour former les ________________.

2. Rafi fait une réponse courte. Il dit : *No,* ______________________

Au passé, *don't* devient ______________________

S'il avait répondu affirmativement, il aurait dit : *Yes,* ______________________

3. Qu'ont fait les parents de Rafi hier soir ? Coche la bonne case.

They invite ☐ invited ☐ friends and talk ☐ talked ☐ sport and politics all evening.

« invited » est le passé de ________________ *« talked » est le passé de* ______________

4. Complète la deuxième question de Poppy.

What time ______________________________________ *then?*

• Souligne l'auxiliaire en rouge et le verbe en bleu dans cette question.

5. Rafi répond :

a. *I stayed up late.* ☐ *I stay up late.* ☐

Conclusion ______________________________________

• *Dans une affirmation, le passé d'un verbe régulier se termine en* ________________

• *« -ed » se prononce* [ɪd] *comme dans* ________________, [t] *comme dans* ____________ *ou* [d] *comme dans* ________________.

b. Complète la réponse de Rafi. *I* ______________________________ *my homework.*

Souligne l'auxiliaire en rouge et le verbe en bleu.

• **Lisez le dialogue à deux.**

Poppy: Hi Rafi! Did you watch TV last night? There was an interesting programme on Hollywood stars: Marilyn Monroe, Greta Garbo, Gary Cooper…

Rafi: No, I didn't. My parents invited some friends to dinner. They talked sport and politics all evening!

Poppy: What time did you go to bed then?

Rafi: Well, I stayed up late. I didn't do my homework. And I'm really tired today.

Poppy: Poor you!

Listen and make sense!

2. Écoute M. Benson et Poppy puis complète la fiche.

1. Time and place Mr Benson and Poppy are

in the living room ☐ in the dining room ☐.

It's early afternoon. ☐ It's late afternoon. ☐

2. Mr Benson He asks Poppy questions about Shakespeare.

Write the two questions.

____

____

3. Poppy Write her answers.

He ____________________ *in* __________

and ____________________ *in* __________.

4. Shakespeare Describe his job. *He* ____________________

He was a playwright ☐ a teacher ☐ a researcher ☐.

5. Mr Benson He says: *Give me the names of* ____________________

6. Poppy She mentions *Henry IV* ☐, *Romeo and Juliet* ☐,

Macbeth ☐, *Othello* ☐, *Hamlet* ☐.

Poppy's probably a very good student. Yes. ☐ No. ☐

7. *Macbeth* It's a tragedy. ☐ It's a comedy. ☐

What can you say about *Macbeth*? ____________________

____

8. Mr Benson He knows lines from *Macbeth* by heart. Yes. ☐ No. ☐

Expressions. Traduis en français.

Who was Shakespeare? I mean, what was his job? ____________________

____

What else? ____________________ *Wait a minute!* ____________________

Recap!

3. Résume le dialogue à l'aide des mots clé du manuel, page 141.

____

____

____

The BOOKS they read most

(p. 146-147)

2- Fais appel à ta culture et ta mémoire et complète.

• *Jonathan Swift wrote* ______

• *Charles Dickens wrote* ______

• *Mark Twain wrote* ______

• *Robert Louis Stevenson wrote* ______

and ______

• *Rudyard Kipling wrote* ______

• *Agatha Christie wrote* ______

• *Enid Blyton wrote* ______

• *C. S. Lewis wrote* ______

4- Retrouve le titre du roman qui correspond à chaque résumé.

A. A human baby lives with a family of wolves. The mother wolf gives him the name "Mowgli".

Title: ______

B. It is the story of a very poor boy in 19th century England. He has no mother and no father. One day he meets a pickpocket on the streets of London.

Title: ______

C. A respectable young scientist lives in London. At night he drinks a magic potion and changes into a horrible monster.

Title: ______

D. Two poor American boys meet and run away from home. They go down the Mississippi river and have adventures.

Title: ______

E. Everybody on the boat has a reason to kill young, rich, beautiful Linnet Ridgeway, and she is murdered. A little man with a moustache discovers the truth.

Title: ______

F. He is English and travels all over the world. He sees every strange things: in Lilliput, the inhabitants are very, very small; in Brobdingnag, the people are giants…

Title: ______

G. One day, Jim Hawkins discovers an old map in a old trunk. The map shows the way to a treasure. It is the beginning of a dangerous adventure.

Title: ______

H. Julian, Anne, Dick, George and Timmy the dog spend their holidays in an old house near the sea. They discover secret passages that go from the house to a lighthouse.

Title: ______

I. Peter, Susan, Edmund and Lucy hide in a big, old wardrobe. It's a magic wardrobe, which takes them into the magic land of Narnia.

Title: ______

Help!

• Lighthouse: *phare* • truth: *vérité*

Mesure tes progrès

1 Expression

Je peux maintenant…

1. parler de la vie des enfants au XIXe siècle
2. parler de mes activités au passé
3. expliquer une absence au collège
4. parler d'un personnage célèbre

… et je le prouve en rédigeant pour chaque point un énoncé affirmatif et, pour les deux premiers points, une question.

1. ____________________

____

2. ____________________

____

3. ____________________

4. ____________________

Score : Excellent ☐ Bon ☐ Moyen ☐ Mauvais ☐

Pour vérifier tes énoncés, relis les bulles des pages 137, 138 et 140.

2 Lexique

a. J'ai retenu les expressions qui caractérisent la vie des enfants au XIXe siècle en Grande-Bretagne et j'en propose cinq.

1. ____________________
2. ____________________
3. ____________________
4. ____________________
5. ____________________

b. Je retrouve la base verbale de ces verbes irréguliers au prétérit.

1. *went* —> ____________ **2.** *wrote* —> ____________ **3.** *rode* —> ____________

4. *made* —> ____________ **5.** *gave* —> ____________

Score : Excellent ☐ Bon ☐ Moyen ☐ Mauvais ☐

3 Prononciation

Travail à deux. Lisez ces formes verbales à haute voix à tour de rôle. Mettez-vous d'accord sur la prononciation du *ed* : [t], [d] ou [ɪd].

repeat – repeated ____________ *climb – climbed* ____________ *work – worked* ____________

watch – watched ____________ *listen – listened* ____________

Score : Excellent ☐ Bon ☐ Moyen ☐ Mauvais ☐

4 Grammaire

Les quatre points essentiels de grammaire vus dans le chapitre 9 sont :

1. les verbes réguliers au prétérit
2. *be* au prétérit
3. les verbes irréguliers au prétérit
4. les repères temporels dans une phrase au prétérit

Je donne un exemple pour illustrer chaque point. Je vérifie avec un(e) camarade.

1. ______________________
2. ______________________
3. ______________________
4. ______________________

Score : Excellent ☐ Bon ☐ Moyen ☐ Mauvais ☐

5 Correction d'erreurs

Anna a fait des erreurs.
Je les corrige en rouge.

Name: Anna

- Where are you yesterday?
I was'nt see you at school.
- Yesterday, I is sick. I stay at Home.

J'ai trouvé ________ erreurs.

Score : Excellent ☐ Bon ☐ Moyen ☐ Mauvais ☐

6 Préparer un contrôle

Travaillez par groupe de 3 et préparez vous-même votre prochain contrôle. Chaque groupe choisit le point de grammaire qui l'intéresse et invente un exercice de 5 items pour ce point.

1. les verbes réguliers au prétérit
2. *be* au prétérit
3. les verbes irréguliers au prétérit
4. les repères temporels dans une phrase au prétérit

Je mesure mes progrès dans l'organisation de mon travail.

En classe : ______________________

____

Quand je travaille seul(e) : ______________________

____

CHAPTER 10 LONDON

Words, words, words

TODAY'S WEATHER FOR EUROPE

(manuel pp. 150-151)

Words you know

1. Complète la carte sans regarder ton manuel. Puis vérifie le nom et l'orthographe des pays et des villes avec ton voisin.

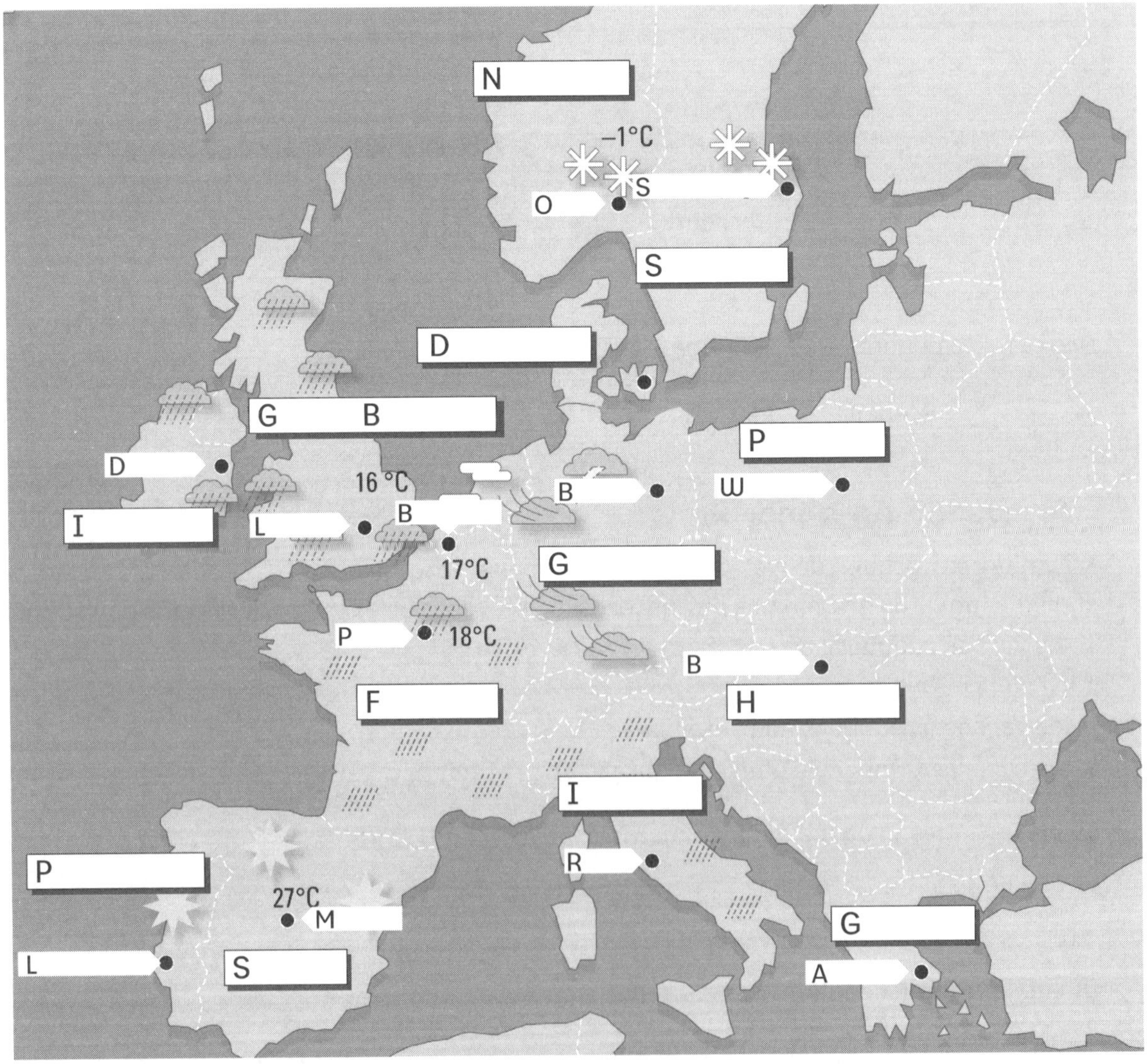

New words

2. b. Coche ce que tu entends.

	Portugal Spain	France	Italy	Germany	Belgium	Sweden Norway Denmark	Great Britain	Ireland
The sun's shining.								
It's raining.								
It's cloudy and windy.								
It's foggy.								
It's cold.								
It's snowing.								
The weather's awful.								

Work on words!

3. Complète la grille avec les noms, les adjectifs et les verbes correspondants.

nouns	*rain*	*sun*	*snow*			*fog*	*storm*
adjectives				*windy*	*cloudy*		
verbs	*It's* ________		*It's* ________				

The sound of English

7. Classe les mots dans la bonne colonne.

	like	Spain	dry	Rome	clown	ride	cold	name	down	Norway
[əʊ] like **snow**										
[aɪ] like **shine**										
[eɪ] like **rain**										
[aʊ] like **cloud**										

9. Dictée.

____

____

Lesson 1 **Listen and act**

SPORTS DAY AT HIGHBURY GROVE (manuel p. 152)

Look, listen and understand!

2. a. Note ce que tu as entendu et compris.

Place: ______________________ **Temperature**: __________

School event: ______________

The race is a sack race ☐ *a relay race* ☐ *a wheelbarrow race* ☐.

• **Qui fait quoi ?** Coche la bonne case, puis vérifie oralement avec ton voisin.

	Mrs Benson	Poppy	Rafi	Greg
watching the races				
running				
getting into their sacks				
leading the race				
jumping like a kangaroo				
helping Rafi				
going fast				
winning the race				

Be + V-ing

3. b. Complète le dialogue en utilisant le présent en *be* + V-*ing*.

get into | lead | jump | go | help | win

Mrs Benson: Yes! Over there! They __________ into their sacks.
Rafi __________ !

Poppy: Oh yes, he __________ like a kangaroo.
Come on Rafi, you __________ !

Mrs Benson: Uh oh, there's another boy behind him. He __________ fast too!

Poppy: It's Greg. He's still a long way behind. Come on, Rafi!

Mrs Benson: Don't shout like that! You ______ not __________

Poppy: Yes, I am! Come on, Rafi!

Mrs Benson: Greg __________ really fast, now, faster than Rafi.

Poppy: ______ Greg __________ ? I can't see.

Mrs Benson: Yes, he is. Well done, Greg!

• **Observe**

Dans les phrases « *They are getting into their sacks* » et « *Rafi's leading!* », Mrs Benson décrit :
– ce qu'elle voit et qui se passe en ce moment ☐
– ce qui se passe habituellement ☐.

4- Où sont les Benson ? Que font-ils ? Pour l'activité, fais une phrase complète.

	name	room	activity
1.			
2.			
3.			
4.			
5.			
6.			
7.			

Act out a dialogue!

5- Écoute le dialogue et compare l'intonation des deux *Yes/No questions*. Elles ont toutes les deux une intonation montante mais, dans la deuxième question, la montée est plus difficile à entendre car le dernier mot est le seul mot accentué de la question : « *come* ». La voix monte, descend, puis remonte – le tout sur une seule syllabe. L'entends-tu ?

c-o-o-m-e

Do you want to come?

Martin: Are you doing anything this morning?
Susie: Well, I'm going to the supermarket.
Do you want to come?
Martin: Yes, Sure!
Then we can have lunch together.
Susie: OK. Let's go!

Entraîne-toi à poser d'autres questions de la même façon. Dans chaque cas, c'est le dernier mot qui est accentué.

Is it red?

Is he coming today?

Does he speak English?

Lesson 2 **Read and write**

DISASTERS (manuel p. 153)

Read and make sense!

2. Make sense of the story.

Lis une première fois l'histoire en essayant de repérer tout ce que tu connais.

1. a. Combien y a-t-il de personnages dans cette histoire ?

Connaît-on tous les noms ? ____________________

Relis l'histoire et note les noms dans la bonne colonne.

There are ________ adults.	*There are ________ boys.*	*There are ________ girls.*
____________________	____________________	____________________
____________________	____________________	____________________

b. Est-ce que George est un garçon ou une fille ? Comment le sait-on ?
L'indice est grammatical, à toi de le trouver. Recopie la phrase qui le contient.

____

2. a. Recopie les deux expressions qui indiquent à quel moment se passe l'épisode.

____

____

b. Recopie la phrase qui indique le temps qu'il fait.

____

c. Recopie les deux phrases qui montrent que les enfants ont été réveillés.

____

____

3. a. À quel temps cette histoire est-elle racontée ? À quoi le voit-on ?

____

____

b. Retrouve dans le texte le passé irrégulier de ces verbes.

1. *sit* ________ **2.** *hear* ________ **3.** *stand* ________ **4.** *run* ________

4. a. Comment réagissent les filles ? ____________________

b. Qui voit le premier ce qui se passe ? ____________________

5. Que crie-t-il ? ____________________

Pourquoi emploie-t-il une forme en *be* + V-*ing* ? ____________________

____

Write!

3. Raconte l'histoire en respectant la trame proposée.

Prends modèle sur l'extrait que tu viens de lire. Le récit est au passé. Le ou les personnages parlent au présent *be* + V-*ing*.

It was late at night... *Suddenly...* ______ *The man shouted:* ______

Lesson 3 Culture and language

ICE-SKATING WITH THE LONDON TUBE (manuel p. 154)

Culture flash!

1. Écoute et complète ces notes.

London is a ______ *city.*

The Tube is the quickest way of travelling ______ *and* ______ *the city.*

Trains run every ______ *minutes.*

First Tube in ______ *First electric line in* ______

Quelle est l'originalité du métro de Londres ? ______

Language

3. Parlez de la brochure.

1. Quelles informations la brochure donne-t-elle ?

	Somerset House	Kew Gardens	Queens Ice & Bowl
nearest tube			
indoor/outdoor			
opening period			
shopping facilities			

2. Relève les trois adjectifs utilisés pour décrire Somerset House.

3. Relève des expressions qui caractérisent les deux autres patinoires.

Kew Gardens ______

Queens Ice and Bowl ______

4. Compare les trois patinoires. Quels sont, à ton avis, les avantages de chacune ?

4. Laquelle des trois patinoires préfères-tu? Dis pourquoi. Écris au moins 5 phrases.

Help!
- I prefer… because…
- I like… better because…
- It's more fun because…

Lesson 4 **Listen and recap**

POOR RAFI! (manuel p. 155)

Listen and think!

1. Écoute et complète la grille.

1. Mrs Ghazali explique pourquoi elle téléphone à Mrs Brown. Complète sa phrase et souligne la forme verbale qu'elle emploie.

Because ______

2. Mrs Ghazali confirme sa décision. Complète sa phrase.

You're sick and ______________________________

3. Choisis la traduction française qui te paraît la plus proche de l'intention de Mrs Ghazali.

- Phrase n° 1 : Tu n'es pas en train d'aller à l'école aujourd'hui. ☐
  Il n'est pas question que tu ailles à l'école aujourd'hui. ☐
- Phrase n° 2 : Tu es malade et tu restes à la maison aujourd'hui. ☐
  Tu es malade et tu as envie de rester à la maison aujourd'hui. ☐

- Lisez le dialogue à deux, en respectant le sens des expressions en gras.

Rafi: What are you doing, Mum?
Mrs Ghazali: I'm calling Mrs Brown.
Rafi: Why?
Mrs Ghazali: Because **you're not going to school**.
Rafi: But Mum, I want to go to school today. We're practising for the end-of-year concert.
Mrs Ghazali: No way! You're sick and **you're staying at home today**.

Listen and make sense!

2. Écoute et complète la fiche.

- **First telephone call**

1. *Mrs Ghazali wants to* ______________________________

2. The woman on the phone answers: *She* ______________ *at the moment.*

______________ *give her a message?*

Mrs Brown can't answer Mrs Ghazali because ______________________________

3. Mrs Ghazali says: ______________________________ *that Rafi is sick?*

- **Second telephone call**

4. Luke tells Rafi: *We* ______________________________

He tells him they ______________________________

Luke is happy ☐ unhappy with Rafi ☐.

He tells Rafi: *We* ______________ *for the concert today.*

He thinks Rafi remembers ☐ doesn't remember ☐.

5. Rafi says: ______________ *feeling well.*

6. For tea Rafi had three things : 1. __________ 2. __________ 3. __________

7. Luke says: __________ ? He means "All right." ☐ "What happened?" ☐

8. Rafi answers: ______ *drank* ______ *glasses of* ______ *and ate* ______ *pieces of* ______________

9. Luke says: *You greedy* __________! He thinks it's funny. ☐ He thinks Rafi was stupid. ☐

Recap!

Résume le dialogue à l'aide des mots clés dans ton manuel.

Write!

4. Raconte comment les choses se passent quand tu es malade.

Use your skills

DOING SOMETHING, DOING NOTHING (pp. 156-157)

1. Lis la biographie de l'auteur puis remplis sa fiche d'identité.

Name ____________

Year of birth *He was born in* ____________

Nationality *He was* ____________

Job *He was* ____________

Kind of books ____________

Year of death *He died in* ____________

2. c. Trouve les mots qui correspondent aux chiffres.

(1) ____________ (2) ____________ (3) ____________

(4) ____________ (5) ____________ (6) ____________

(7) ____________ (8) ____________ (9) ____________

(10) ____________ (11) ____________

5- b. Imagine ce que pense le chien. Complète les bulles.

The CAPITAL CITY they all visit

(manuel p. 160-161)

1- b. Retrouve à quel site ou à quel monument correspond chaque texte.

A. The Eurostar train station.

B. A large public park in London, famous for its artificial lake: the Serpentine.

C. The giant bells that strike the hours and the seat of the two Houses of Parliament.

D. This beautiful square recalls a great naval victory for Britain and a defeat for France.

E. The London residence of Britain's Kings and Queens.

F. The first bridge over the Thames and the only one for centuries. Now a modern bridge.

G. A castle, a fortress and a prison, guarded by beefeaters who feed the eight ravens.

H. A very famous department store. You can even buy an elephant there.

I. The site of the Royal Opera House. It is also now a large shopping centre.

J. A huge church for great ceremonial events, designed by Sir Christopher Wren.

K. London's cricket field where first-class matches take place.

L. It opened in 2000.

1. Harrods ☐ **2.** Hyde Park ☐ **3.** Buckingham Palace ☐
4. Trafalgar Square & Nelson's Column ☐ **5.** Big Ben & the Houses of Parliament ☐
6. Covent Garden ☐ **7.** St Paul's Cathedral ☐ **8.** The Tower of London ☐
9. Waterloo Station ☐ **10.** London Bridge ☐ **11.** The London Eye ☐ **12.** The Oval ☐

2- À quel endroit de Londres peut-on entendre ces bruits ? Écris le nom des lieux.

1. ____________________
2 ____________________
3. ____________________
4. ____________________
5. ____________________
6. ____________________
7. ____________________

Mesure tes progrès

1 Expression

Je peux maintenant...

1. décrire le temps qu'il fait
2. dire ce que je vois et ce que je fais
3. situer lieux et monuments célèbres à Londres

... et je le prouve en rédigeant pour chaque point un énoncé affirmatif et une question.

énoncés affirmatifs	questions
1. ______________________	______________________
______________________	______________________
2. ______________________	______________________
______________________	______________________
3. ______________________	______________________
______________________	______________________

Score : Excellent ☐ Bon ☐ Moyen ☐ Mauvais ☐

Pour vérifier tes énoncés, relis les bulles des pages 150-151, 154 et 155.

2 Lexique

J'ai retenu les mots nouveaux de la leçon *Today's weather for Europe*.

a. Je retrouve 6 noms, 6 adjectifs et 2 expressions pour parler du temps qu'il fait.

noms	adjectifs	expressions
1. ____________	1. ____________	1. ____________________
2. ____________	2. ____________	2. ____________________
3. ____________	3. ____________	
4. ____________	4. ____________	
5. ____________	5. ____________	
6. ____________	6. ____________	

Score : Excellent ☐ Bon ☐ Moyen ☐ Mauvais ☐

3 Prononciation

Lis ces phrases. Marque les liaisons et les accents de mots. Lis ensuite ce bulletin météo à haute voix avec ton voisin/ta voisine. Corrigez-vous mutuellement.

Today, it's snowing in Scotland, it's raining in the south of England and in the north of France. It's cloudy in Paris. The sun's shining in the South of France and in Italy.

Score : Excellent ☐ Bon ☐ Moyen ☐ Mauvais ☐

4 Grammaire

Les quatre points de grammaire essentiels étudiés dans le chapitre 10 sont :

1. le présent en *be* + V-*ing*

2. la *Wh/H question* pour se renseigner sur le temps qu'il fait

3. *be* + V-*ing* à valeur de futur

Je donne un exemple pour illustrer chaque point. Je vérifie avec un(e) camarade.

1. ______________________________

2. ______________________________

3. ______________________________

Score : Excellent ☐ Bon ☐ Moyen ☐ Mauvais ☐

5 Correction d'erreurs

Anna a fait des erreurs.
Je les corrige en rouge.

Name : Anna
My brother is good swimmer.
He training to become a champion.
Look ! They are swim very fast today.

J'ai trouvé
______ erreurs.

Score : Excellent ☐ Bon ☐
Moyen ☐ Mauvais ☐

6 Préparer un contrôle

Travaillez par groupe de 3 et préparez vous-même votre prochain contrôle. Chaque groupe choisit le point de grammaire qui l'intéresse et invente un exercice de 5 items pour ce point.

1. le présent en *be* + V-*ing*

2. *be* + V-*ing* à valeur de futur

3. les *Wh/H questions* (en révision)

Observez les types d'exercices proposés dans ton manuel : *Grammar news*, pages 130-131. Remettez ensuite vos productions à votre professeur.

CHAPTER 11 TAKING OFF

Words, words, words

FLYING (manuel pp. 164-165)

Words you know

1. Regarde l'image. Note ce que font les personnages.

The couple with a child

____

____

The couple at the table

____

____

The woman in the raincoat

____

____

The man at the information desk

____

____

Help!
- buy
- make a phone call
- duty-free perfumes/gifts/watches
- push
- wait

The man in the duty free shop

____

The woman with a trolley

____

• Commente le tableau de vols. Écris deux phrases sur ce modèle.

➤ *Flight number AF 1984 to New York is taking off at 10:45. Boarding at gate 7.*

____

____

New words

2. Recopie les mots sous la bonne image.

flight attendants | get off the plane | get on the plane | hand luggage | seatbelt

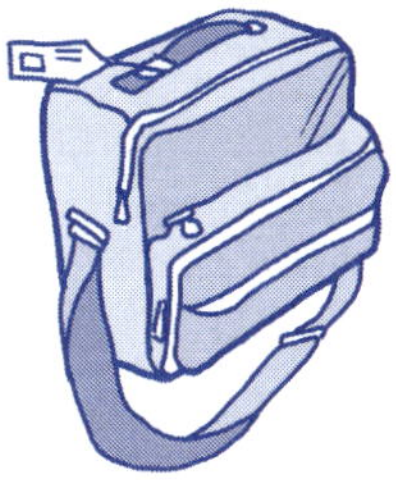

3. b. Que doivent faire les passagers de leur bagage à main ?

in the compartment | above your head | under the seat | in front of you

c. What must or mustn't the passengers do on a plane?

(mobile phone) ____________________

(cigarettes) ____________________

4. a. Note les informations que le commandant de bord donne aux passagers.

destination ____________________ flying time ____________________

altitude ____________________ temperature at destination ____________________

b. Tu es le commandant de bord. Consulte tes notes en **a.** et prépare ce que tu vas dire aux passagers. Commence ton texte par « *Ladies and Gentlemen, this is your Captain…* » Tu peux inventer d'autres informations.

Work on words!

6. Fais des phrases complètes en combinant les éléments des cinq colonnes.

➤ *I take the bus at 7 to go to school.*

subjects	two-word verbs		objects	when & where
I / you	take	on	bus	at 7
The plane	get	off	plane	to go to school
	switch	up	light	at night
			mobile phone	late
			computer	in the evening

The sound of English

6. a. Entoure la syllabe accentuée des mots que tu entends.

seatbelt attendant airport passenger approximately
luggage captain welcome cabin manager
cabin manager

b. Écoute et note les mots. Ils s'écrivent comme en français.

7. Dictée

Lesson 1 **Listen and act**

PACKING (manuel p. 166)

Look, listen and understand!

2. Écoute le dialogue et coche.

- Poppy is taking: 4 pairs of shorts ☐ 2 sweaters ☐ 3 sweaters ☐
5 T-shirts ☐ 4 T-shirts ☐

Mrs Benson is sure Poppy needs everything. Yes. ☐ No. ☐
- Poppy is taking her old pair of jeans. Yes. ☐ No. ☐

Mrs Benson thinks it is ridiculous. Yes. ☐ No. ☐
- Poppy is taking her hockey stick. Yes. ☐ No. ☐
- Poppy is taking her drums. Yes. ☐ No. ☐

3. Écoute et complète le dialogue avec des *question tags*.

MRS BENSON: You don't need all this, ____________? You're only going for two weeks.
You're not taking that old pair of jeans, ____________?

POPPY: Yes, I am. They're my favourite jeans.

MRS BENSON: And what's this? It's not your hockey stick, ____________?

POPPY: Yes, it is.

MRS BENSON: You're not taking your hockey things, ____________?

Mrs Benson fait suivre sa première remarque d'une petite ____________

Elle utilise l'auxiliaire ______ à la forme interrogative.

Mrs Benson fait suivre sa deuxième remarque de l'auxiliaire ______ à la forme interrogative.

- **Observe les *tags* que tu as écrits ci-dessus et coche la bonne réponse.**

Dans les phrases de Mrs Benson, les *question tags* sont à la forme affirmative ☐ négative ☐.

Le verbe de la proposition principale est à la formeaffirmative ☐ négative ☐.

Conclusion

Les « *question tags* » servent à : demander une confirmation. ☐
donner une autorisation. ☐

PUDDING LANE, LONDON (manuel p. 167)

Read and make sense!

2. *Make sense of the story.*

1. Relis le chapeau. Quels sont les trois personnages mentionnés ?

____

• Lis le texte. Lequel de ces trois personnages n'y apparaît pas ? ______________

Où se trouve-t-il à ce moment-là de l'histoire ?

____

2. Trouve deux groupes nominaux qui décrivent les rues de Londres en 1547.

____

3. De quel fleuve s'agit-il ? ______________________________

4. Où sont les gens ? Que font-ils ? Qu'attendent-ils ? Recopie la phrase qui l'explique.

____

____

5. Où Edward veut-il aller ? Pourquoi ? ______________________________

____

Write!

3. Edward arrive à Guildhall et veut voir le « prince ». Raconte ce qui lui arrive.

Help!

- speak like a prince
- wear poor clothes
- refuse
- let him see the prince
- unhappy
- go back to John Canty

____

____

____

____

____

____

____

TWO AMERICAN SYMBOLS (manuel p. 168)

Culture flash!

1. Prends des notes sur le drapeau américain.

a. Number of: *red stripes* __________ *white stripes* __________ *stars* __________

Colours: ______________ *symbolises purity and innocence.* __________ *is for courage.*

b. Date of National Flag Day: ______________

Language

3. a. Associe les noms aux adjectifs correspondants.

Noms : length height width

Adjectifs : wide long high

b. Sers-toi des trois adjectifs que tu viens de trouver pour poser les questions qui interrogent sur la hauteur, la longueur et la largeur.

____

____

____

4. a. Convertis les mesures de la Statue de la Liberté en mètres et centimètres. Utilise une calculatrice et vérifie avec ton voisin.

Height from top of base to torch	151'1"	
Length of hand	16'5"	
Length of index finger	8'0"	
Length of nose	4'6"	
Length of right arm	42'0"	
Width of mouth	3'0"	

Help!

- A foot (') equals about 30 centimetres.
- An inch (") equals about 2.5 centimetres.
- There are 12 inches in a foot.

OFF TO PHILADELPHIA! (manuel p. 169)

Listen and think!

1. Écoute et complète.

1. Rafi's starving. He asks: *When* ______________________ *give us a meal?*

2. Poppy is thirsty. She asks: *Do you think* ______________________________ *get a drink?*

Poppy et Rafi se demandent quand ou si on va leur servir à manger et à boire.

Ils emploient la forme « be + __________ *+ -ing + to + V ».*

• Lisez le dialogue à trois voix.

Poppy: It's time for lunch. I'm starving.

Conclusion

Pour parler de ce que l'on peut prévoir, on emploie ______________________________.

Rafi: I'm starving too. When are they going to give us a meal?

Poppy: I don't know. And I'm thirsty too. Do you think we are going to get a drink?

Attendant: Would you like a drink, Miss?

Poppy: Oh thank you! Yes, I'd like an orange juice, please.

Listen and make sense!

2. Complète la fiche d'écoute.

1. Mrs White and Poppy

- Mrs White asks Poppy: ______________________________________
- Poppy answers: *No, I'm not. I think* ______________________________ *sick.*
  She feels good ☐ sleepy ☐ terrible ☐.
- Mrs White suggests: ______________________________________

2. Mrs White and Rafi

- Rafi asks: ____
  He is a bit anxious ☐ sick ☐.

The presents for the American families

- Jessica's present. *She* __________________ *a book of recipes for her American family .*
- Rafi's present. *He* ____________________ *his family a picture of* ________________.
- What about Luke? ____
- We don't know about Greg's present because ___________________________________

• Expressions.

Traduis en français.

1. Are you all right? ______

2. I think I'm going to be sick! ______

3. Ssssh! ______ 4. See you later! ______

Recap!

3. Résume le dialogue à l'aide des mots clé de ton manuel page 169.

______

______

______

______

Use your skills

THE UNITED STATES (manuel pp. 170-171).

2. Regarde la carte page 140. Note de mémoire le nom des États qui ont été effacés. Il y en a six.

3. Entoure la syllabe accentuée de chacun de ces mots.

Alabama Arkansas Arizona Idaho Illinois

Indiana Michigan Minnesota Mississippi Ohio

Oklahoma Oregon Vermont Wisconsin Wyoming

5. Observe les pièces. Que vois-tu en bas sur chacune d'elles?

______

• Écoute et complète ce texte.

There is a sentence in ______ on all the ______ : "E pluribus unum". It means "Out of many, ______ ". In other words: We are ______ States, but there is only ______ country, the United ______ of America.

"E pluribus unum" is the motto of ______

• What is the French motto? ______

• Paris has a Latin motto. Ask around, write it and translate it. ______

______

In French, "motto" is: ______

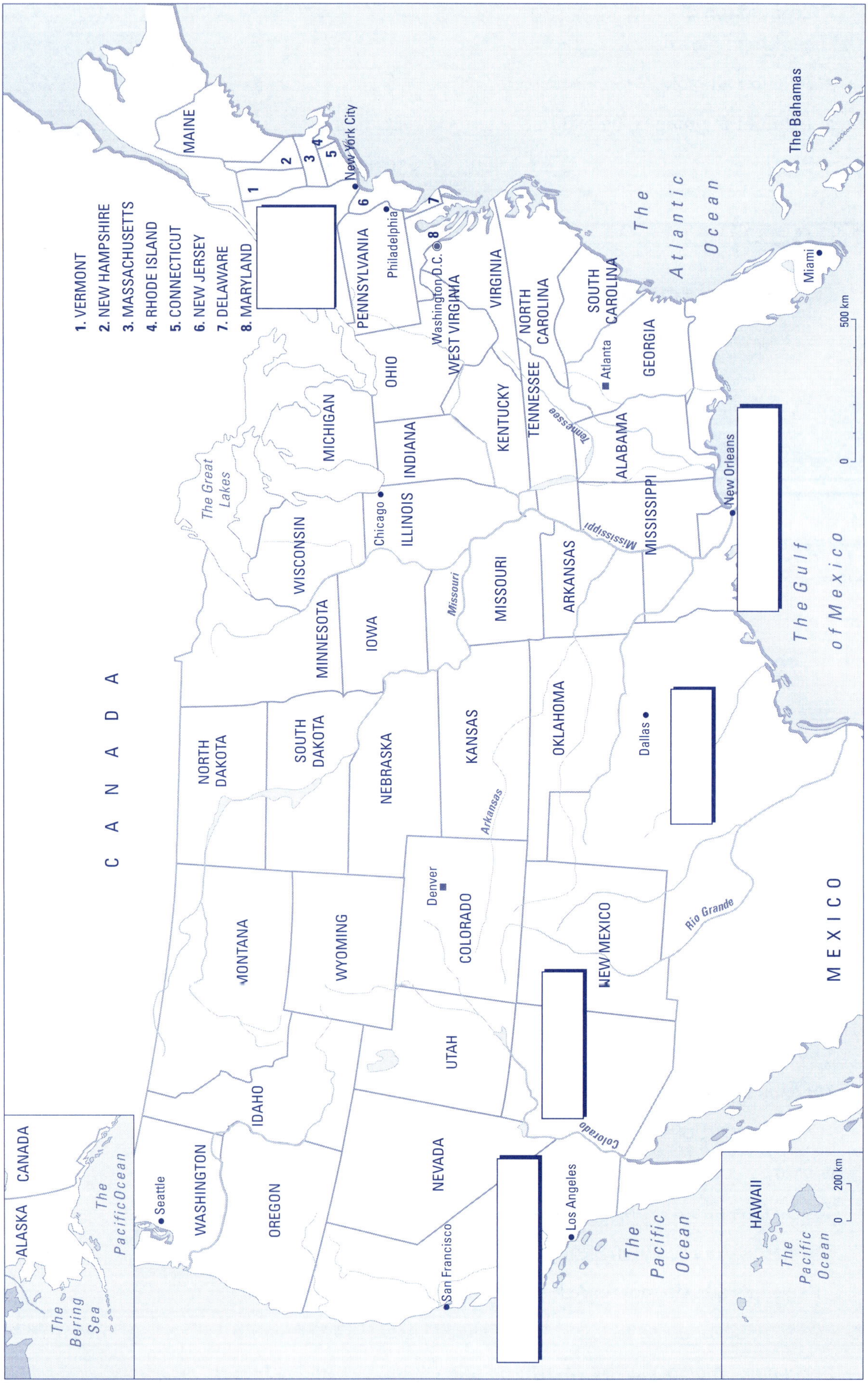
1. VERMONT
2. NEW HAMPSHIRE
3. MASSACHUSETTS
4. RHODE ISLAND
5. CONNECTICUT
6. NEW JERSEY
7. DELAWARE
8. MARYLAND
C A N A D A
ALASKA
CANADA
The Bering Sea
The Pacific Ocean
Seattle
WASHINGTON
OREGON
IDAHO
MONTANA
WYOMING
NEVADA
UTAH
COLORADO
Denver
NEW MEXICO
San Francisco
Los Angeles
Colorado
The Pacific Ocean
HAWAII
The Pacific Ocean
0 200 km
M E X I C O
Rio Grande
NORTH DAKOTA
SOUTH DAKOTA
NEBRASKA
KANSAS
Arkansas
OKLAHOMA
Dallas
The Gulf of Mexico
MINNESOTA
IOWA
MISSOURI
Missouri
ARKANSAS
WISCONSIN
The Great Lakes
ILLINOIS
Chicago
MISSISSIPPI
Mississippi
New Orleans
MICHIGAN
INDIANA
KENTUCKY
TENNESSEE
Tennessee
ALABAMA
GEORGIA
Atlanta
OHIO
WEST VIRGINIA
Washington D.C.
VIRGINIA
NORTH CAROLINA
SOUTH CAROLINA
Miami
The Atlantic Ocean
The Bahamas
PENNSYLVANIA
Philadelphia
New York City
MAINE
0 500 km

6. a. Regarde les pièces, trouve sur la carte l'État qu'elles représentent.

On the Atlantic Ocean (blue)	On the Pacific Ocean (green)	No coastline (pink)	With mountains (brown)

• Colorie les États selon les indications du tableau (carte p. 140).

b. Choisis deux pièces, dis ce qu'elles représentent et rédige un court paragraphe pour décrire le climat, les activités et les richesses qu'elles suggèrent.

Davy Crockett

(manuel pp. 174-175)

2. Karaoké. Écoute la chanson, puis chante en même temps que l'enregistrement.

Born on a mountain top in Tennessee,
The greenest state in the land of the free.
Raised in the woods so's* he knew every tree,
Kilt** him a b'ar*** when he was only three.
Davy, Davy Crockett, King of the Wild Frontier.

Né en haut d'une montagne du Tennessee,
L'État le plus vert au pays des hommes libres.
Élevé dans les bois si bien qu'il en connaissait chaque arbre,
A tué un ours quand il n'avait que trois ans.
Davy, Davy Crockett, roi de la frontière sauvage.

* so that ** killed *** bear

CHAPTER 2

1. Crossword

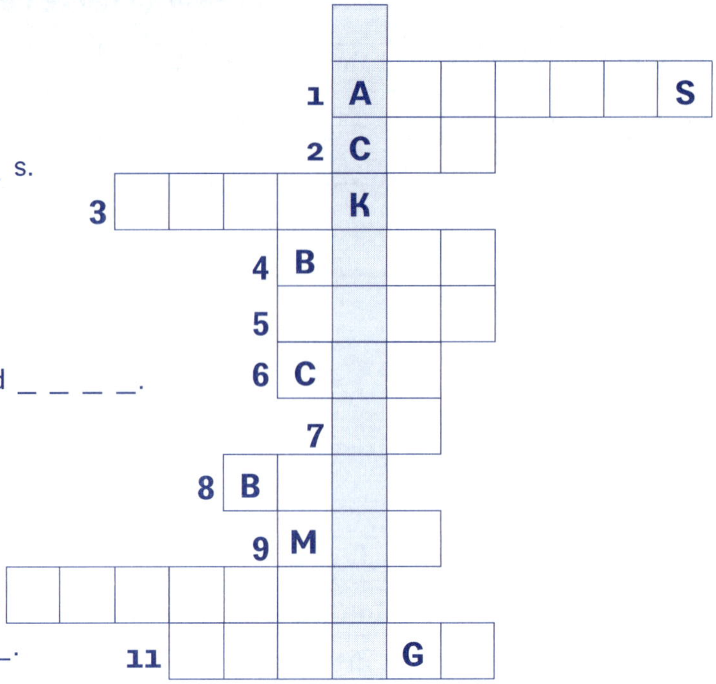

1. Rafi's crazy about a _ _ _ _ _ s.
2. He is an American c _ _ boy.
3. a colour ending in k
4. She was b _ _ _ in May.
5. The French flag is red, white and _ _ _ _.
6. a black c _ _
7. the opposite of "yes"
8. a scary animal
9. the plural of "man"
10. Frankenstein is a _ _ _ _ _ _ _.
11. a colour or a fruit

The hidden word is: ______________________________

2. Break the code

Find the sentence in code.

first = A, second = B, third = C, etc.

1st 18th 5th / 25th 15th 21st / 18th 5th 1st 4th 25th / 6th 15th 18th

20th 8th 5th / 14th 5th 24th 20th / 1st 3rd 20th 9th 22nd 9th 20th 25th ?

Answer the question: ______________________________

CHAPTER 4

Find the odd man out!

desk | chair | bed | jeans | shelf | table | cupboard ____________

pencil | eraser | ruler | pen | schoolbag | mobile phone ____________

calculator | T-shirt | jeans | jacket | trainers | baseball cap ____________

a chocolate bar | crisps | a sandwich | orange juice | cornflakes ____________

cards | crackers | stockings | pudding | carols | New Year's Eve ____________

CHAPTER 5

1. Jumbled words

Unjumble these words. They are all animals.

PLEEANTH an e _ _ _ _ _ _ _   NKSAE a s _ _ _ _   OMKYEN a m _ _ _ _ _

EHSOR a h _ _ _ _ _ _   ITERG a t _ _ _ _   APRORT a p _ _ _ _ _

RANKOAOG a k _ _ _ _ _ _ _

CHAPTER 6

Wordsearch

Fill your kitchen with all the food and drink you can find in this grid (15 words). The words are across, down and diagonally – in all directions!

T	R	A	S	L	E	M	O	N	E
U	E	B	U	T	T	E	R	T	A
I	G	A	G	U	B	E	A	N	S
C	A	C	A	D	C	L	N	I	L
E	S	O	R	I	O	E	G	E	A
R	U	N	U	C	K	B	E	E	F
E	A	J	O	C	E	F	L	T	L
A	S	H	I	L	F	P	S	M	O
L	C	H	I	O	P	A	T	O	U
E	C	M	C	A	R	R	O	T	R

CHAPTER 10

The Sports Quiz

Read the definitions, then guess the sport.

1. In this game there are two teams of five players and two baskets. ____________

2. Two teams of nine players play this game with a bat and a ball, on a field with four bases. ____________

3. The players hit a ball with their rackets over a net in the middle of the court. ____________

4. Two teams hit a large ball over a high net with their hands. ____________

5. You play this game on a table with a net across it. There are two or four players. ____________

6. You play this game with a small hard ball and a set of clubs on an outdoor course with 9 or 18 holes. ____________

Le CD élève

Piste	Chapter/Lesson	Activité
1	Ch 1, Lesson 1	1
2	Ch 1, Lesson 1	10a, 10b
3	Ch 1, Lesson 1	Rhyme
4	Ch 1, Lesson 2	1a
5	Ch 1, Lesson 2	2a
6	Ch 1, Lesson 2	6a, 6b
7	Ch 1, Lesson 2	Rhyme
8	Ch 1, Lesson 3	1
9	Ch 1, Lesson 3	Rhyme
10	Ch 1, Lesson 4	3
11	Ch 1, Lesson 4	6a
12	Ch 1, Lesson 4	Rhyme
13	Ch 1, Lesson 5	1a
14	Ch 1, Lesson 5	10
15	Ch 1, Lesson 5	Rhyme
16	Ch 1, Lesson 6	1a
17	Ch 1, Lesson 6	2a
18	Ch 1, Lesson 6	6, 8a
19	Ch 1, Lesson 6	Rhyme
20	Ch 1, Lesson 7	1
21	Ch 1, Lesson 7	8a
22	Ch 1, Lesson 7	Rhyme
23	Ch 1, Lesson 8	1a
24	Ch 1, Lesson 8	5a
25	Ch 1, Lesson 8	6a
26	Ch 1, Lesson 8	Rhyme
27	Ch 1, Lesson 9	1a
28	Ch 1, Lesson 9	6a
29	Ch 1, Lesson 9	Rhyme
30	Ch 1, Lesson 10	1a, 1b
31	Ch 1, Lesson 10	Rhyme
32	Ch 2, Words, words, words	2a
33	Ch 2, Words, words, words	6a, 6b
34	Ch 2, Lesson 1	2a
35	Ch 2, Lesson 1	6
36	Ch 2, Lesson 3	2
37	Ch 2, Lesson 4	1
38	Ch 2, Lesson 4	2
39	Ch 2, Use your skills	1a
40	Ch 2, Use your skills	6a
41	Ch 3, Words, words, words	2a
42	Ch 3, Words, words, words	7a, 7b
43	Ch 3, Lesson 1	2
44	Ch 3, Lesson 1	6
45	Ch 3, Lesson 4	1
46	Ch 3, Lesson 4	2
47	Ch 3, Use your skills	4, 5
48	Ch 4, Words, words, words	2
49	Ch 4, Words, words, words	9b
50	Ch 4, Lesson 1	2
51	Ch 4, Lesson 1	6
52	Ch 4, Lesson 4	1
53	Ch 4, Lesson 4	2
54	Ch 4, p. 76	2
55	Ch 5, Words, words, words	2
56	Ch 5, Words, words, words	9a
57	Ch 5, Lesson 1	2
58	Ch 5, Lesson 1	6
59	Ch 5, Lesson 4	1
60	Ch 5, Lesson 4	2
61	Ch 6, Words, words, words	2
62	Ch 6, Words, words, words	10
63	Ch 6, Lesson 1	2
64	Ch 6, Lesson 1	5
65	Ch 6, Lesson 4	1
66	Ch 6, Lesson 4	2
67	Ch 6, Use your skills	4
68	Ch 7, Words, words, words	2a
69	Ch 7, Words, words, words	9a, 9b
70	Ch 7, Lesson 1	2
71	Ch 7, Lesson 1	5
72	Ch 7, Lesson 4	1
73	Ch 7, Lesson 4	2
74	Ch 8, Words, words, words	2
75	Ch 8, Words, words, words	8a
76	Ch 8, Lesson 1	2
77	Ch 8, Lesson 1	5
78	Ch 8, Lesson 4	1
79	Ch 8, Lesson 4	2
80	Ch 9, Words, words, words	2
81	Ch 9, Words, words, words	8
82	Ch 9, Lesson 1	2
83	Ch 9, Lesson 1	6
84	Ch 9, Lesson 4	1
85	Ch 9, Lesson 4	2
86	Ch 10, Words, words, words	2a
87	Ch 10, Words, words, words	8
88	Ch 10, Lesson 1	2
89	Ch 10, Lesson 1	5
90	Ch 10, Lesson 4	1
91	Ch 10, Lesson 4	2
92	Ch 11, Words, words, words	2
93	Ch 11, Words, words, words	3, 4a, 5
94	Ch 11, Words, words, words	6a, 6b
95	Ch 11, Lesson 1	2
96	Ch 11, Lesson 1	5
97	Ch 11, Lesson 4	1
98	Ch 11, Lesson 4	2
99	Ch 11, p. 175	2

Imprimé en France par Jouve à Mayenne
N° d'édition : 004107-01 - N° d'imprimeur : 396924K
Dépôt légal : avril 2006